见识城邦

更新知识地图　拓展认知边界

Psychopolitik

Neoliberalismus und die neuen Machttechniken

Byung-Chul Han

精神政治学

[德]韩炳哲 著　　关玉红 译

中信出版集团 | 北京

图书在版编目（CIP）数据

精神政治学 /（德）韩炳哲著；关玉红译 . -- 北京：中信出版社，2019.3（2025 . 8 重印）

ISBN 978-7-5086-9706-2

Ⅰ . ①精… Ⅱ . ①韩… ②关… Ⅲ . ①自由主义—研究—西方国家—现代 Ⅳ . ① D091.5

中国版本图书馆 CIP 数据核字（2018）第 255402 号

精神政治学

著　　者：[德] 韩炳哲
译　　者：关玉红
出版发行：中信出版集团股份有限公司
（**北京市朝阳区东三环北路 27 号嘉铭中心　邮编　100020**）
承 印 者：北京通州皇家印刷厂

开　　本：880mm × 1230mm　1/32　　印　　张：4.25　　字　　数：48 千字
版　　次：2019 年 3 月第 1 版　　印　　次：2025 年 8 月第13次印刷
京权图字：01-2018-6473
书　　号：ISBN 978-7-5086-9706-2
定　　价：35.00 元

服务热线：400-600-8099
投稿邮箱：author@citicpub.com

远离我所欲。

——珍妮·霍尔泽

（Jenny Holzer)

目　录

自由的危机

对自由的剥削

自由将成为一段插曲。插曲意为片断（Zwischenstück）。对自由的感知始于从一种生存方式向另一种生存方式的过渡，止于这种生存方式被证实为一种强迫模式。因此，随着自由而来的便是一种新的屈从。这就是主体的命运，而“主体”（Subjekt）一词字面上也有屈从的意思。

今天，我们坚信，我们不是屈从的主体，而是自由的、不断自我创造的、重新建构的客体（Projekt）。从主体向客体的过渡即伴随着对自由的感知。现在，客体自身意识到自己是强迫的个体，甚至是主体化及屈从的更有效的形式。“自我”（Ich）作为自认为免遭其他外界强迫和他人强迫（Fremdzwang）的客体，现在却正以一种束缚于功名的形式屈从于内心强迫和自我强迫（Selbstzwang）。

我们生活在一个特殊的历史时期，自由本身在这一时期即带有强迫性。“能够”（Können）的自由甚至正在比规行矩步、限定“可为”与“不可为”的“当为”（Sollen）产生更多的强迫性。“当为”有一定的范畴，而“能够”则没有，因此，源自“能够”的强制就无法界定。这使得我们处于一种自相矛盾的境地。自由本处在强迫的对立面，自由意味着摆脱强迫，而现在这种位于强迫反面的自由本身亦产生了强迫。抑郁症和过劳症这些心理疾病即表达了自由的深度危机。这些都是今天自由向强制转化的病理性征兆。

功绩至上的主体（Leistungssubjekt）自认为是自由的，实际上却是一个奴仆，是没有主人强迫却自愿被剥削的绝对的奴仆。没有主人强迫他去劳动。活着这件事因为只剩下劳动而变得纯粹。纯粹地活着与劳动是一枚勋章的正反面。这种活法的理想状态是身体要健康。而主权，即作为主人所拥有的自由，对于具备新自由主义思想的奴仆来说却是陌生的，因为根据黑格尔的主仆关系辩证法，主人无需劳作、只需享受。主人的自主性在于，他为了超越这种活法，甘愿接受自己的消亡。这种不知足的活法及享受的方式，对于劳碌着的、只想简单活着的奴仆来说是陌生的。与黑格尔假想相悖的是，劳动无法解放奴仆，他始终被劳动奴役着。黑格尔所言的奴仆也会迫使主人去劳动，他的主仆关系辩证法导致生存就是为了劳动。

新自由主义的主体作为自身行为主体不能与其他似乎无目的性的行为主体建立关系，在行为主体之间也不会形成毫无目的的友谊。“自由”原本意味着“于朋友处”（bei Freunden sein）。自由和友谊在印度日耳曼语系（Indogermanistik）中也拥有同样的词源。自由本质上是一个表达关系的词汇。实际上，只有在和谐幸福的共同关系中，我们才能感知到自由。新自由主义政权所导致的完全隔离，并不能使我们感知到真正的自由。因此，今天我们自问，是否必须重新定义并创造自由，以逃离致命的、使自由演变成强迫的自由辩证法。

新自由主义是一种有效且智慧的体系，它可以对“自由”进行充分的利用，包括一切与“自由”相关的实践、表达，比如情感、游戏、交流等。违背其意愿去利用别人的行为是无效的。对异己的利用，收效甚微。只有对自由的利用收益最高。

有趣的是，就连马克思也从与他人和谐关系的角度对自由做了定义：“只有在共同体（Gemeinschaft，任何人和其他人都有这样的共同体关系）中，个体才能找到全方位发展自我的方法；只有在共同体中，才可能谈及个人的自由。”[1] 所以，自由无非就是彼此成就。自由就是和谐共同体的同义词。

马克思认为个体自由是对资本诡诈本性的掩饰和伪装。基于个体自由的“自由竞争”仅仅是一种资本的表述，将自己包装成另外一种形式，即将真正的资本行为作为资本[2]；依靠自由竞争变身为另一资本，是资本推动自身增殖的方式。资本借助个体自由，同自己的另一种形式结合起来。资本在人们彼此自由竞争的同时实现了增殖。个体自由在资本向资本增殖发展的过程中费尽心思，就这一点而言，个体自由可以说是被奴役的。资本榨取个体的自由，用以实现自我增殖：“在自由竞争中，并非个体获得自由，而是资本。”[3]

资本的自由通过个体自由得以实现。自由的个体因此降级，成为资本的生殖（升值）工具。个体自由赋予资本一种主动增殖的“自动”主体化能力。资本因而不断地“向外撒播”活力四射的新生命（新的资本）。[4]今天，已经表现出泛滥迹象的个体自由，最终将无异于过剩的资本。

资本独裁

马克思认为，生产力（人方面的劳动力、劳动方式和物质生产资料）发展到一定阶段会与占主导地位的生产关系（财产关系和统治关系）产生矛盾。生产力不断向前发展是矛盾产生的原因。工业化创造了新的生产力，新的生产力又与类似封建制的财产关系及统治关系产生矛盾。要求改变生产关系的社会危机因这一矛盾而产生。矛盾会在无产阶级反对资产阶级的斗争中消失，共产主义社会制度也会随着斗争而形成。

与马克思观点相反的是，生产力和生产关系之间的矛盾并不能依靠共产主义革命来消除。这种矛盾是无法消除的。资本主义正是由于这种与生俱来的、永久性的矛盾而走上未来的发展道路。因此，工业资本主义并没有向共产主义转变，而是从后工业、非物质生产方式逐渐演化成新自由主义和金融资本主义。

新自由主义作为资本主义的变种，将工人塑造成企业主。被他人剥削的工人阶级因此并非由共产主义革命，而是由新自由主义消除的。如今，每个人都是自己企业的自我剥削者。主人和奴仆寄生于同一人，就连阶级斗争都变成了与自我进行的内部斗争。

构成现代生产方式的，并不是被安东尼奥·内格里（Antonio Negri）宣称为后马克思主义接班人的相互协作的“大众”（Multitude），而是自我孤立、自我斗争、甘愿自我剥削的企业主“个人”（Solitude）。于是，认为普罗大众已经摆脱了“寄生帝国”并构建了共产主义秩序，本身就是一个错误。内格里所坚持的马克思主义构想再一次被证明是一种幻想。

新自由主义政权中本不存在无产阶级，即受生产资料持有者剥削的工人阶级。在非物质生产中，每个人都拥有属于自己的生产资料。新自由主义体系不再是本意上的阶级体系。它不是由彼此敌对的各阶级组成，存在于体系之中的恰恰是与“敌对”相对的“稳定性”。

今天，人们无法再对无产阶级和资产阶级加以区分。无产阶级从字面上来讲，唯一拥有的财产是自己的孩子，其自我生产仅局限在生物学意义上的再生产（繁殖）。如今，与之相反，每个人作为自由建构的客体，能够进行无限自我生产的错觉正在盛行。无产阶级专政（在西方）从体制上来说是不可能的。今天，我们每一个人都受到资本独裁的控制。

新自由主义政权将他人剥削（Fremdausbeutung）转变成波及所有阶级的自我剥削（Selbstausbeutung）。这种无阶级区分的自我剥削对于马克思而言是完全陌生的，也使得以阶级区分为基础的社会革命无从发生。鉴于自我剥削的功绩主体具有分散性，政治上能共同行动的“我们”（Wir）也无法形成。

在新自由主义功绩社会（Leistungsgesellschaft）中失败的人，要自己承担失败的责任，并以此为耻，而不是去质疑社会或者体制。这就是新自由主义政权的特殊智慧之所在。它不允许出现与体制对抗的行为。相反，“他人剥削”政权能使被剥削者团结一致并共同反抗剥削者。马克思无产阶级专政思想以此逻辑为基础，以压制性的统治关系（Herrschaftsverhältnis）为前提。在自我剥削的新自由主义政权中，人们其实是向自己发起了侵略。自发侵略没有使被剥削者成为革命者，而是使他们意志消沉，无法振作。

今天，我们不再为自我需求而是为资本去工作。资本产生的是它自己的需求，我们却将此误认为是自己的需求。它呈现出的，是一种新的超越（Transzendenz），一种新的主体化形式。这一次，我们又被从生命的内在层面抛离出来。那里也许才是一个生命固于本源、无须屈从外力的地方。

从超越论的秩序中解放出来，即脱离了依托宗教的契约，人类就进入了现代政治阶段。只有在超越论的理论依据不再有效的现代社会，表征社会绝对政治化的政治才有可能实现，行为准则也随之可以自由磋商。社会内部的谋议才能将超越论逼退。这样，社会本可以自发地、完全自内而外地重新建构起来。然而，这种重新建构的自由，在那个资本升级成为一种新式超越、新式上帝的时刻却被放弃了。政治因此重新陷入被奴役的状态，并成为资本的帮工。

我们真的想要自由吗？为了受到约束而创造上帝的人，不正是我们自己吗？面对上帝，我们都负有罪债。这种罪债摧毁了自由。今天，政客们则要让高额负债为他们的行为自由受到大范围限制来负责。当我们不再负债，也就是完全自由的时候，我们就必然会真正地做出社会行为。另一种可能则是，我们永远都要背负债务，这样就无须做出社会行为，也就意味着我们无须获得自由，无须承担义务。高额的债务难道不正是我们无法拥有自由的佐证吗？资本难道不是一个让我们重新背负罪债、成为负罪之人的新上帝吗？瓦尔特·本雅明（Walter Benjamin）把资本主义理解为一种宗教，称资本主义是第一场非但不能涤赎罪债，反而导致罪债高筑的祭拜。因为不存在债务豁免的可能性，不自由的状态将延续下去："巨大的负罪感不知如何赎身，于是开始祷告——不是为了自己能把罪赎清，而是为了让天下人人负罪。"[5]

可见的独裁

数字化网络起初被作为无限自由的媒介而大受欢迎。微软的首个广告标语"今天你要去哪？"让人们对网络上的无限自由和灵活性产生了愿望。最初的这种兴奋感今天却被证明只是一种幻想。绝对的自由和交际现在变成了被控制和监视。就连社交媒体也越来越像一座监视社情民意、褫夺公民权利的数字化全景敞视监狱（Panoptikum）。我们还没有从那座规训的全景敞视监狱解放出来，就已走进了一座新的、运行更加高效的全景敞视监狱。

为了达到规训的目的，边沁（Bentham）全景监狱里的囚徒被彼此隔离，不许互相交流。然而，数字化全景敞视监狱里的每个人彼此间都可以进行深入的交流，可以自愿地暴露自己。他们也积极地参与数字化全景敞视监狱的构建。数字化控制社会（Kontrollgesellschaft）恰恰要充分利用这样的自由。管制，也恰恰由于这种自愿的自我曝光和自我袒露才成为可能。数字化“老大哥”（Big Brother）似乎将他的工作转交给他房子里的住户。之后，大家自愿地出于内在的需求将数据泄露出去，其中便体现了数字化全景敞视监狱的功效。

此外，人们还以信息自由的名义要求透明化。实际上，它无异于新自由主义机制（Dispositiv）。它强行将一切暴露在外，以便使其成为信息。在当今非物质生产方式下，更多的信息和沟通意味着更先进的生产力、更快的加速和增长。信息是一种确证（Positivität），由于其缺乏内在物质而可以不依赖环境独立传播。相应地，信息的循环传播也可以任意加速。

隐秘、陌生和差异成了无限制性交际的障碍，这些障碍因此以透明化的名义被消除。交际如果变得顺畅，即所有的界限、隔阂和鸿沟都被消除的话，其速度也会加快。就连参与交际的人也变得外向，因为内向性会妨碍并减慢交际的速度。但是，人的外向性变化并不是被强制的，而是以主动自我暴露的形式发生的。因差异感或者陌生感而产生的否定（Negativität），脱离内在，成了可沟通可消费的差异性和多样性的确证（Positivität）。透明的秩序规范迫使产生绝对的形式化，以便加快信息和沟通的循环。最终，人们会以坦诚的方式来进行无限制的沟通，因为封闭、沉默和内向只会使交际停滞。

机制透明化的另一个效果是绝对的一致性。抑制分歧也属于一种透明经济的现象。完全网络化及交际性作为透明经济的一种现象看起来进展顺利。透明经济引起了一致性的效果，就好像大家在对彼此进行监视，并且是在已经有秘密警察进行监视和操控的情况下。如今，这种彼此监视在没有被监视的情况下也同样会发生。交际如同有隐形主持人的引导而变得顺畅并达成一致意见。这种处于第一位的、发自本身的监视，远比处于第二位的、来自外部的秘密警察的监视，存在的问题要多得多。

新自由主义使公民变成消费者。公民的自由因消费者的被动性而消失。作为消费者的选民如今对政治以及积极构建社会并不真正感兴趣。他既无意愿也无能力去从事共同的政治活动。他以抱怨、申诉的方式来消极地面对政治，就像消费者面对自己不喜欢的商品或者服务那般。就连政客和党派也认同这种消费逻辑。他们要去“销售”（liefern），进而自甘堕落成销售商（Lieferant），那个必须让作为消费者或客户的选民满意的销售商。

如今，人们向政客所要求的透明化并不是什么政治的要求。他们要求的并不是政治决策过程中的透明，对此消费者丝毫不感兴趣。要求公开透明，主要是为了戳穿、揭发、丑化政客。对公开透明的要求，以存在愤慨旁观者一方为前提。这种要求，不是由积极主动参与其中的公民提出的，而是由被动的旁观者提出的，并以抱怨和抗议的方式表现出来。充斥着旁观者和消费者的透明社会奠定了旁观者民主的基础。

信息的自治是自由的基本构成。著名的 1984 年联邦宪法法院人口普查案裁决中写道："信息自治法导致社会规范与受其制约的法律规范不相协调。这样的法律秩序之下，公民无法知晓，是谁在何时、何种机缘下了解了关于自己的哪些事情。"不言而喻，那是一个公民与作为统治机器的国家对立的时代，国家可以无视公民意愿，恣意攫取信息。这个时代早已经成为过去。如今，无需强迫与命令，我们自愿让自己裸露在外，自愿把所有可能被利用的数据和信息放到互联网上去，并且对于是谁在何时、何种机缘下了解了关于自己的哪些事情毫不知情。这种不可控性成为必须要严肃对待的自由危机。此外，由于数据是人们自愿四处传播的，“数据保护”这一概念也就无从谈起了。

今天，我们正努力向数字化精神政治时代前行。精神政治正从被动监控向主动操控大步迈进，我们随之陷入更深层次的自由危机。现在，就连自由意志本身也被操控了。大数据是十分有效的精神政治的工具，它可以全面地获知关于社会交际的动态。这种认识是一种统治认知（Herrschaftswissen），可以介入人的精神，对精神在前反思层面（präreflexiv）施加影响。

未来的开放性对于行为的自由有着决定性的意义。大数据可以预测人的行为，未来也就因此变得可预测、可控制。数字化精神政治学将对自由判断的否定（Negativität）转化成对客观情况的确证（Positivität）。人（Person）本身认定自己是可量化、可测量、可操控的客观事物（Sache）。自由虽然不属于客观事物，却比人更加通透。大数据宣告了人和自由意志的终结。

每一种机制、每一种统治技术，都会创造一些用来向自己表达虔诚信仰的圣物。这些圣物是让人就范、折服的工具。它们使统治物化，且变得稳定。虔诚就是一种屈服。智能手机就是一种数字化的圣物，一种最能对数字化表达忠心的圣物。作为主体化的工具，它和玫瑰念珠发挥同等的作用，在便携性方面，玫瑰念珠就是另一种形式的智能手机。不论是玫瑰念珠还是智能手机，二者皆服务于自我检测和自我控制。通过将监视的任务委派给个人，统治提高了它的效率。“点赞”（Like）就是以数字化的方式说“阿门”（Amen）[1]。我们“点赞”的同时，就已经屈从环境威力法则（Herrschaftszusammenhang）了。智能手机不仅是有效的监视工具，也是移动的告解室。脸书（Facebook）则是数字化人类的全球犹太会堂（Synagoga，本意为集会）。

1 祷告时表示同意或肯定的意思。（本书脚注均为译者注。）

精明的权力

权力有各种不同的表现形式。其最直接的形式表现为对自由的否定。它使权力持有人能以暴力手段，违背屈从于权力的人的意志，来实现自己的意志。权力不会被局限在制服反抗和逼迫顺从这两个方面。它不必表现出一种强制的模式。依赖暴力手段的权力并不是最高级的权力。逆向意志的形成和对权力持有人的反击证明了权力的软弱无力。权力毫无疑问就存在于人们不刻意关注它的地方。权力越大，就越平静。它就那样存在着，没必要张扬出去让人关注自己。

权力也许表现为暴力或镇压，但并不以此为基础。权力不必是排他性的、禁止性的或者封锁性的。

它不仅不反对自由，甚至可以将自由为己所用。权力只在消极的情况下，才表现为罔顾他人意愿的、扼杀自由的、说“不”的暴力形式。今天，权力越来越呈现出一种自由的姿态。它以顺从、友好的形式摒弃了自己的否定性，将自己装扮成自由。

然而，规训权力仍然深受否定论的控制。它压抑，不自由。由于规训权力存在否定性 (Negativität)，新自由主义政权在它那儿无从谈起，却在确证性 (Positivität) 中异彩纷呈。新自由主义政权的权力技术是微妙、灵活且精明的，无人可以窥探。顺从的主体对自己的屈从性并不自知。它被环境威力遮蔽，臆想自己身处自由。

那种靠使用蛮力，强行给人们戴上规范、禁令的紧箍咒的规训权力是没有用的。设法让人们发自内心地屈从于环境威力 (Herrschaftszusammenhang) 的权力技术才是更有效的。它愿意积极发动、激发动力并力争尽善尽美，不愿意制造障碍或者压制他人。因此，权力的效率不是通过禁止和撤销而是通过赞扬和成全来实现的。权力试图使人们对自己产生依赖而不是让他们变得顺从。

精明且友好的权力不会正面反对屈从性主体的意志，而是打着为他们好的旗号控制他们的意志。它的同意多于拒绝，诱惑多于压制。它努力制造积极情感并对其加以利用；它循循善诱而不是处处禁止；它不与主体对立，而是去迎合对方。

精明的权力攻心为上，而不是对其进行惩戒，让它向约束和禁令低头。它不允许我们沉默，相反却不断地要求我们去倾诉、分享和参与，去交流我们的想法、需求、愿望和爱好，讲述我们的生活。这种友好型权力仿佛比镇压型权力更强大，并且具有遮蔽性。如今，自由的危机不在于我们面临一种否定或者压制自由的权力技术，而在于这种权力技术对自由敲骨吸髓般的利用。为了进行有候选人的所谓自由选举（Auswahl），真正自由的无候选人选举（Wahl）被废弃了。

看起来具有自由思想并且友好的精明权力善于鼓励和诱导，这就比那种独断专行、威胁恐吓、发号施令型的权力有效得多。点赞按钮（Like-Button）就是表征这类权力的符号。人们在消费和交际的同时，即在点赞的同时，已然屈从于环境威力法则了。新自由主义就是“讨我欢心”（Gefällt-mir）的资本主义。它本质上与19世纪那种依靠规训强制和令行禁止方式来运行的资本主义截然不同。

精明权力会解读和评价我们有意和无意的思想。它相信人们会主动进行自我组织和自由优化，因此无须去压制反抗。这种类型的统治无需蛮力，无需暴力，因为它就那样自然而然地发生。它意欲通过讨好逢迎和制造依赖的方法进行统治。那么，下面这条警示——“远离我所欲”（Protect me from what I want），当属“讨我欢心”的资本主义了。

鼹鼠与蛇

规训社会由一个个封闭环境和封闭设施组成。家庭、学校、监狱、兵营、养老院共同展现了这些封闭的规训空间。规训主体在一个封闭的体系中从一种环境更换到另一种环境。在这一个一个的封闭环境中，成员的空间和时间都可被支配。规训社会的动物代表是鼹鼠。

在《关于控制社会的后记》（*Postskriptum über die Kontrollgesellschaften*）一书中，德勒兹（Gilles Louis Rene Deleuze）预测了所有环境将面临共同的危机。[6] 与后工业、非物质及网络式生产模式不相符的封闭和僵化是问题所在。这种生产模式逼迫人们要更加开放和打破界限。然而，鼹鼠是无法忍受这种开放性的，于是，蛇就代替了鼹鼠的位置。蛇属于规训社会之后的新自由主义监控社会的动物。与鼹鼠不同，蛇并非在封闭的空间里活动，相反，它只有通过运动才能开辟空间。鼹鼠是工人，而蛇却是企业主，是自由主义政权下的动物。

鼹鼠在预装的空间里活动，因而屈从于空间的束缚，属于屈从主体。蛇则是通过运动开辟空间的客体。从鼹鼠到蛇、从主体到客体的过渡，并非一种新的生存方式的开启，而是一种突变，即同一种资本主义的扩张。鼹鼠具有局限性的活动束缚了生产力，即使它再怎么乖乖地工作，也无法超越一定的生产力水平。然而，蛇却能通过新的活动方式打破这种束缚。这样，资本主义体系为了创造更大的生产力由鼹鼠模式转化为蛇模式。

如果把规训政权比作“肉体”（Körper），是一种生物政治政权，那么新自由主义政权的行事则更像

“灵魂”（Seele）。[7] 这样，精神政治就是它的统治形式。它始终把不容后退的对抗心理标榜为充满治愈能量的力争上游和出人头地的激励动力。动力、项目、竞赛、优化和倡议被归为自由主义政权的精神政治学统治技术。蛇首先化身为债务（Schuld），这些债务（Schulden）是新自由主义政体作为统治工具投放进来的。

生物政治

米歇尔·福柯（Michel Foucault）认为，自 17 世纪以来，权力不再是如同上帝的君主所行使的处决的权力（Todesmacht），而是规训的权力（Disziplinarmacht）。君权即挥剑的权力，它以死亡相威胁，为了赶尽杀绝，玩弄生命于股掌之上。[8] 规训权力则相反，它不是处决的权力，而是赐生的权力（Lebensmacht），它的功能不是去杀戮，而是去实现对生命的完全利用。[9] 过去的那种处决权力的强大力量让步于一种对肉体的认真管理和对生命的精打细算。[10]

从君主权力向规训权力的过渡是由生产模式的转型，即从农业化向工业化生产的转型所导致的。不断向前发展的工业化进程要求对肉体进行训诫并使其与机器大生产相适应。规训权力把肉体束缚在一个由规范组成的体制内进行劳动，而不是对肉体进行折磨。有预谋的强迫会渐渐波及每一个肉体，直到这种强迫沿袭成一种习惯性的不由自主。就是这种习惯性的不由自主，将肉体支配到进行生产的机器旁。全面的矫形术[11]将无形的面团（Teig）塑造成机器。规训是能够实现对肉体行为严密控制、对规训力量长期服从的方法，这种方法让控制和服从易于接受/便于实施。[12]

规训权力是规制权力（Normierungsmacht）。它使主体服从于充满标准、要求、禁令的规则体系（Regelwerk），消除分歧、背离和不合规矩。规训权力的本质就是这种具有矫正性质的否定。在这点上，它与君主权力相似，以驯化吸纳的否定论为基础。不论君主权力还是规训权力，它们都在对人进行利用。它们创造了服从性主体（Gehorsamssubjekt）。

规训技术超越了肉体，进入了精神。英语词“工业”也有勤劳（Fleiß）之意。“工业学校”意思是“管教机构”（Besserungsanstalt）。边沁也指出，他的全景监狱对其中的每个人在道德上进行了改造。然而，精神（Psyche）并非规训权力关注的焦点。规训权力的矫正技术太粗糙，因此无法带着自己隐藏的愿望、需求和渴望进入更深层的精神层面并侵占它。即使边沁的“老大哥”社会也只是从外观上监视其中的每一个人。他的全景监狱只是与视觉媒介有关，并不能读取内心的思想和需求。

规训权力发现“人民”（Bevölkerung）正是需要加以细致管理的生产和再生产的群体。生物政治学就是用在他们身上的。生育、出生和死亡率、健康水平以及寿命成为调节控制的对象。福柯就明确地谈到“人口的生物政治学”（Bio-Politik der Bevölkerung）。[13] 生物政治学是规训社会的统治技术。然而，它对于以利用精神意志为重点的新自由主义政权并不适合。运用人口统计学的生物政治学无法进入精神层面。它无法为绘制人口心理图析（Psychogramm）提供资料。人口统计上的记录（Demographie）并不是精神活动的记录 (Psychographie)。人口统计无法对精神活动进行推断。在这点上，统计学和大数据是截然不同的。大数据不仅能刻画出个人的，也能刻画出群体的心理图析，也就可能对潜意识进行心理刻画，因此可以照亮心灵深处，从而实现对潜意识的利用。

福柯的困境

在写完《规训与惩罚》(*Überwachen und Strafen*)之后，福柯很清楚地意识到，规训社会并不能精确地反映出那个年代的真实情况。因此，20世纪70年代晚期，福柯开始致力于对新自由主义统治形式的分析研究。分析过程中出现了一个问题，那就是福柯不管对人口概念还是对生物政治学概念都坚定不移："当人们明白被称作自由主义的政府体系是什么的时候，在我看来，也就可以理解什么是生物政治学了。"[14] 在接下来的讲座上，福柯不再提及生物政治学，也不再谈论人口的概念。这个时候，福柯显然不了解，生物政治学和人口学作为规训社会的天然范畴并不适合用来阐述新自由主义政权。因此，福柯没有完成向精神政治学的转向，而这一点恰恰是很有必要的。[15]

在 1978/1979 学年的讲座上，他不再讲关于新自由主义生物政治学的分析。关于这一点，福柯本人也表达了自我批评的意思，然而，他还是没有认清根本性的问题："不管怎样，我都想向大家强调，我最初是想探讨生物政治学的，然而最终却像事情所发展的那样，我关于新自由主义却讲了很久，或许是太久了……"[16]

在《神圣之人》(*Homo sacer*)的序言中，乔治·阿甘本（Giorgio Agamben）讲了他的猜想："死亡阻碍了福柯继续向世人展示生物政治学纲领所有的隐含内容，也使他无法指明深入研究的方向。"[17]与阿甘本的猜想不同的是，福柯的早逝——如果算得上早逝的话——使福柯失去了自己对生物政治学观点的反复思考和为了新自由主义精神政治理论而放弃生物政治学的机会。即使是阿甘本的统治理论分析也未能提供一个理解新自由主义政治权力技术的可能性。今天的“神圣之人”不再被排除在体系之外，而是被包括在体系之内的概念。

福柯明确地将生物政治学与资本主义规训模式联系在一起，这种规训模式使得肉体在其所处的生产形式中被社会化：“对资本主义社会而言尤为重要的生物政治学是有关生物的（Biologisch）、躯体的（Somatisch）、肉体的（Körperlich）事情。”[18] 也就是说，生物政治学在根本上是和生物上或者人身上的事情联系在一起的。它在终极意义上是最广义的“肉体政治学”（Körperpolitik）。

新自由主义作为另一种运行形式，即资本主义的变种，在第一性上无关生物、躯体和肉体。它发现，其实精神才是生产力。这种向精神，因此也是向精神政治的转变与现代资本主义的生产模式也密切相关，因为今天的资本主义是由非物质和非肉体的生产模式所确定的。被生产的不是物质的，而是像信息和计划这类非物质的东西。作为生产力的肉体再也不如在生物政治性规训社会里那么重要了。为了提高生产力，所要克服的不再是来自肉体的反抗，而是要去优化精神和脑力的运转程序。优化思想逐渐取代了规训肉体。因此，神经增强（Neuro-enhancement）就从本质上与精神病学的规训技术划清了界限。

今天，肉体从直接的生产过程中被释放出来，成为审美和医疗技术优化的对象。因此，外科矫正术也被审美矫正术所取代。福柯的“易于教导的肉体”在今天的生产程序中已无立足之地。美容手术和健身中心取代了规训式矫正术的位置。然而，肉体的优化比单纯的美容就医要有意义得多。“性福”与健康变成了新的有待扩大、营销榨取的经济资源。

斯蒂格勒（Bernard Stiegler）认识到，福柯的生物权力概念在当下是不合时宜的，这么认为也不无道理：“我觉得，福柯从历史和地理的角度，也就是首先放眼欧洲，以令人信服的口吻所描述的生物权力，与对当今时代有深刻影响的权力并不是同一种权力。”[19]斯蒂格勒认为，精神权力的心理技术（Psychotechnologien der Psychomacht）或许会取代生物权力的位置。当然，在这一点上，他所理解的是诸如电视等远程节目制作行业（Programmindustrie），这些行业剥夺了我们的行为能力，使我们成为被欲望操纵的消费体，并导致群体性退化。斯蒂格勒以读写技术来对抗心理技术。他认为，文字媒介意味着开发和启蒙（Aufklärung）。因此，他以康德的理论为基础指出：“康德最终把作为成年依据的读写机制作为自己的出发点。”[20]

斯蒂格勒对电视节目的过度看重是有问题的。他完全将其升格成为心理技术装备：“现在，收音机、网络、移动电话、苹果便携式数字多媒体播放器（iPod）、电脑、视频游戏和掌上电脑（PDA）为了吸引我们的关注而互相竞争，但是，掌控信息流的始终都是电视节目。”[21]与电视节目截然不同的读和写是老旧的具有文化批判性的模式，无法满足数字革命的要求。奇怪的是，斯蒂格勒几乎没有研究过互联网、社交媒体等与过去的大众传媒完全不同的媒体形式以及交际模式，就连数字网络的全景结构也几乎没有关注过。这样，他就完全错过了广泛依赖数字技术的新自由主义精神政治学这个领域。

80 年代早期，福柯转向对“自我技术”（Technologien des Selbst）的研究，并将其理解为已知和计划的实践，“通过这些实践，人不仅为自己确定了行为准则，而且进行了自我转型，在特殊的自我存在中进行自我调制，并寻求用自己的生命创作一部承载某种美学价值、符合某些风格标准的艺术品”[22]。福柯研究出一套具有历史意义的自我呵护伦理学（Ethik des Selbst），并且很大程度上摆脱了权力和统治技术的影响。因此，人们常常猜想，福柯其实是以自我呵护伦理学来反对权力技术及统治技术。福柯明确指出了权力技术向自我技术的过渡：“也许是自己曾经太过强调权力技术和统治技术的重要性，现在的我则对自我和他人的互动、对自我控制的技术、对个人对自我施加影响的方式的历史、对自我技术，越来越感兴趣。”[23]

新自由主义政权的权力技术成为福柯权力解析学中不易被察觉的缺陷。福柯没有意识到，新自由主义统治政权完全将自我技术纳入自己的体系之中；也没有意识到，作为新自由主义自我技术的永恒自我优化，不过是一种有效的统治和剥削方式。[24] 新自由主义功绩主体作为自己的企业主（Unternehmer seiner selbst）[25] 主动并狂热地进行自我剥削。作为艺术品的自我，是新自由主义政权为了实现对它的完全利用而去倍加呵护的一种美丽的、骗人的表象。

新自由主义政权的权力技术采用了一种微妙的模式。它并不直接掌控个体。确切地说，它要做的是让个体从自身出发，自己去影响自己，让环境威力法自发形成，同时，还会把这种法则诠释为自由。自我优化和征服、自由和剥削都合而为一。福柯始终没有看清的是，自由和剥削合二为一的权力技术，成了一种自我剥削的形式。

治愈即杀害

新自由主义精神政治创造了越来越精明的剥削形式。无数的自我管理研习班、动员周末、个性发展讨论课或者大脑训练课程都为自我优化和效率提升提供了无限的可能性。它们都受新自由主义统治技术操控，这样的统治技术不仅扼守着人的工作时间，还要霸占整个人和他的注意力之所及，也就是霸占完整的生命。它找到了这个完整意义上的“人”，并且要让这个人全部为我所用。

新自由主义要求自我优化只是为了让体系能够无差错运转。它认为，为了提高效率和成绩，应该将闭塞、缺陷和错误这些问题治愈。为此，它要将一切都变得可以进行对比和测量，要让一切都服从市场逻辑。对美好生活的释然才能促进自我优化。自我优化具有必要性，只是为体系所迫以及可量化的市场成果的逻辑。

君权时代是撤销和盗取商品及服务的驯化的时代。君主权力表现为支配权和征收权。相反，规训社会依赖的则是生产，是积极地创造工业价值的时代。真正获取价值的时代已经消逝。价值在今天的金融资本主义时代甚至被彻底销毁。新自由主义政权开创了衰竭时代。现在，被利用的是精神。因此，像抑郁或者过劳症这样的精神疾病与这个新的时代如影随形。

针对上面这种情况，美国的励志书籍提出了一种万灵药（Zauberformel），名曰“治愈”（Healing）。它阐释的是，自我优化是如何打着效率和成绩的旗号，把那些机能衰退（funktionelle Schäche）、精神阻滞（mentale Blockade）的症状治好的。这种持久的、完全与体系优化并行的自我优化是具有毁灭性的。它导致精神崩溃。自我优化被证明是毫无保留的自我剥削。

新自由主义在自我优化方面的意识形态发展出一系列宗教式的，准确地说是狂热的特点。它呈现出新式主体化模式。对自我（Ich）的不断加工越来越像新教徒的自我审视和自我检讨，在新教徒身上，它们是被当作主体化技术和统治技术使用的。人们寻找的不再是罪行而是消极的思想。“我”（Ich）又一次把自己当作敌人进行自我缠斗。今天，新教的传教士就像经理人和励志讲师那样传播着具有无量功绩和无限优化的新福音。

具有人性的人（Person）不完全听命于这种确证。不会进行否定，生命将枯萎成“死的存在”[26]。恰恰是否定保持了生命的活力。经验（Erfahrung）的根本组成部分是痛苦（Schmerz）。单纯由积极情感和心流体验（Flow-Erlebnis）[27]组成的生命不是人的生命。在人的灵魂中之所以存在深植其中的焦虑，就是因为否定的存在：“那种处于不幸时灵魂的焦虑，滋养了灵魂的坚毅……灵魂对不幸的担当、坚忍、透达、因利乘便所体现出的创造性和勇气，以及灵魂中曾经拜内心、隐私、面具、智力、诡诈、膨胀所赐的东西，不都是在痛苦和滋生更大痛苦的过程中获得的吗？”[28]

对无限优化的要求甚至利用了痛苦的因素。著名的美国励志讲师安东尼·罗宾斯（Anthony Robbins）写道：“如果您确立了目标，请遵从永无止境的改进原则（CANI：Constant Never Ending Improvement）。永无止境的改进原则承认人人都会感知到的永远进步的愿望。由不满和忐忑不安所导致的压力会变成动力。这是一种您生命中需要的痛苦。”[29]只有那种用以达成优化目的的痛苦才会被忍受。

确证的暴力和否定的暴力一样具有破坏性。[30]新自由主义精神政治以其意识工业（Bewusstseinsindustrie）摧毁了人的灵魂，使之无异于一部主动运转的机器（Positivmaschine）。新自由主义政权的主体因自我优化，即因被迫产出越来越多的成绩而走向衰亡。这就证明，“治愈”即杀害。

休　克

在娜奥米·克莱恩（Naomi Klein）撰写的有关阴谋论的《休克主义》（*Die Schock-Strategie*）一书中，第一位主角是休克医生（Doktor Schock），即蒙特利尔精神病科医生卡梅隆博士（Dr. Ewen Cameron）。他认为自己可以通过休克（Schock）的方法销毁和清除人脑中不好的记忆，然后在空白石板上（Tabularasa）重建新的人格。他用电击的方式使受试病人处于一种混乱状态，这种状态是健康的模范公民重生的基础。他将这种破坏行为理解为一种创世。灵魂被强行掏空，然后又被强行输入新的信息。这就好像进行了格式化，继而重新写入信息一样。

卡梅隆建立了一个有无数隔离空间的全景敞视监狱，他在那里，进行残忍的人体试验。这无异于刑训室。病人首先被施以长达一个多月的强烈电击，医生以此抹去病人的记忆。同时，医生给病人注射可以改变心智的药剂，并以纸管套住他们的手和手臂，以免他们触碰到自己的身体而产生对自我印象的关注。然后，卡梅隆借助药物让患者保持人为的睡眠状态，来清除他们意识中的印象。他们只在吃东西和上厕所时被唤醒。患者被保持在这种状态将近 30 天。医院员工受指示不许患者说话，他的医院是一所监狱，并且比边沁的全景监狱更加灭绝人性。

卡梅隆的研究得到中情局（CIA）的资助，开始于冷战中期。作为狂热的反共产主义者，卡梅隆认为，他以自己的实验参与了冷战的斗争。他在审讯中将患者当成共产党囚犯。[31] 他的试验方法事实上无异于审讯技术，与冷战时期的洗脑术和意识形态斗争相关，以摩尼教善恶论为基础。邪恶应被彻底铲除，并由善取而代之。对他人或者敌人免疫性防御的否定，决定了卡梅隆实验的性质。但是，卡梅隆作为休克医生，自己却是免疫时代的一个缩影。作为免疫干预手段的休克疗法可以用在他人、陌生人或者敌人身上，让他们消除戒备，这样就可以达到用另一种意识形态和故事情节重新书写其灵魂的目的。

娜奥米·克莱恩的第二位主角，也就是第二位休克医生名叫米尔顿·弗里德曼（Milton Friedman），是新自由主义市场的神学家。娜奥米·克莱恩研究出了二者之间的类比法。对于米尔顿·弗里德曼来说，社会在灾难之后的休克状态是一个机遇，是重塑新自由主义社会的最佳时机。新自由主义政权因此采取了休克这种操控手段。休克抹去并清空了灵魂，使其无力防御，这样，灵魂就可以心甘情愿地向残暴的重新编程屈服。当人们因灾难而丧失行为能力、精神受创的时候，就会屈从于新自由主义对他们的重塑：“弗里德曼的使命和卡梅隆一样，都是基于恢复自然健康状态的梦想，在这种状态下，所有的一切在人为干扰造成紊乱之前都保持平衡。卡梅隆幻想将人的精神变回白板一样的空白状态，而弗里德曼则幻想抹掉现有社会的一切，引导其回到纯粹的资本主义状态，这样就排除了国家规制、贸易壁垒、利益固化造成的干扰。像卡梅隆一样，弗里德曼也认为，当经济严重扭曲变形时，若想重现处女地的风貌，唯一的办法就是使其陷入痛苦的休克。唯有苦药才能祛除、治愈这种病症和损伤。”[32]

娜奥米·克莱恩的休克理论导致她对真正的新自由主义精神政治学完全视而不见。休克治疗法本就是一种规训技术。只有在规训社会才会运用如此残酷的精神病治疗手段。这种治疗属于生物政治社会的强迫措施。从其特征上看，这些对精神进行规训的手段是具有矫正性的。然而，新自由主义权力技术并不施加规训式的强迫。就作用原理而言，电击休克疗法和新自由主义精神政治存在本质上的区别。休克所达到的效果归功于身体的瘫痪和对精神记忆的清除，其特征就是否定性。相反，新自由主义精神政治学则具有确证性。它不受被否定的威胁，而是借助积极的刺激来运行。它不用“苦药”，而是通过“点赞”（Like）去达到目的。它向灵魂示好，而不是对它进行打击震撼，使其瘫痪。它诱导灵魂，走在灵魂之前，而不是处处与其针锋相对。它认真地记录灵魂的愿望、需求和期许，而不是将这些统统抹杀。它会对人的行为进行预判，疾走先得，而不是一味使人的行为落空。新自由主义精神政治是智能的政治，它不去压迫而是去努力讨好、成全。

友爱的老大哥

“新语”（Neusprech）是乔治·奥威尔（George Orwell）的《1984》一书中监控国家（Überwachungsstaat）的理想语言。它完全取代了“旧语”（Altsprech）。新语的唯一目标是限制人的思维空间。词汇逐年变少，意识空间变得越来越狭窄。主角温斯顿的朋友赛麦热情地谈论着废除词汇所带来的美好。从新语词汇表上清除一定词汇，这样人们就无法在思想上犯罪了。自由的概念也因此而不复存在。在这方面，奥威尔的监控国家已经从本质上区别于剥削自由的数字化全景监狱。现代信息社会的特征不是消除，而是增加词汇。

奥威尔的小说，充斥着冷战思维和带有敌对性质的否定论。国家处于持续不断的战争中。温斯顿的情人茱莉娅甚至猜想，每天击中伦敦的炸弹也许就是老大哥党派自己投放的，其目的是让人们感到持续的恐惧和惊慌。书中，“人民的敌人”叫爱麦虞埃尔·果尔德施坦因，他是一个地下秘密运作的阴谋者联盟的头目，这个组织旨在推翻政府。“老大哥”与果尔德施坦因彼此进行意识形态的斗争。在电幕（Teleschirm）上，每天都会播放针对果尔德施坦因的“两分钟仇恨”（Zwei-Minuten Hass）短片。实为“谎言部”的“真理部”负责的是控制历史、使其与意识形态相适应的工作。奥威尔的监控国家所运用的精神技术是靠电击休克、剥夺睡眠、隔离、药物和身体折磨来进行洗脑。富裕部（Überfülle，新语为 Minifülle）负责让消费品不足，制造人为的物资紧缺。

带有电幕和刑讯室的奥威尔式监控国家本质上与依靠网络、智能电话、谷歌眼镜，看起来拥有无限自由和交际机会的数字化全景监狱本质上是不同的。在全景监狱，没有刑讯，大家会利用网络推送消息（Twitter）和上传（Post）帖子、照片等，这里没有神秘的真理部。透明与信息取代了真理。不去控制历史，而是利用精神政治去控制未来才是新式权力纲领。

新自由主义政权的权力技术不采取禁止、防护、镇压的手段，而是抱着展望性的、宽容的、可以反射心灵的态度去运作。它不会压制消费，而是令其最大化，这种权力不会导致物资匮乏而会导致物资过剩，更准确地说，是确证的过度膨胀。我们每个人都被提醒，要去交际和消费。决定了奥威尔式监控国家本质的否定性原则被确证性原则取代。消费者的需求不会被压制，反而受到鼓励和刺激。人们不再因为施刑而被迫承认，而是主动坦露。智能电话代替了刑讯室。老大哥现在展现出一张友爱的面孔，监控因为它的友爱变得十分有效。

边沁的“老大哥”虽然是隐形看不见的，但是他存在于每个人的大脑中，挥之不去。人们已经将“老大哥”融为自我意识的一部分。在数字化全景监狱中，没有人真的感觉到自己被监视或者被威胁。因此，“监控国家”这个术语用来描述数字化全景监狱的特征并不完全适合。在数字化全景监狱中，人们感觉自己是自由的，然而，恰恰是这种奥威尔式监控国家所缺少的，在数字化全景监狱中能被感知到的自由，才是问题所在。

数字化全景监狱利用了狱中人主动自我揭露的特性。同样被利用的，还有自我剥削和自我启发（Selbstauslechtung）。自由无时无刻不在被利用。那个违背我们意愿攫取我们信息的“老大哥”缺少的正是这种数字化全景监狱。我们其实是自己暴露自己，是自愿自我揭发。

1984年超级碗（Super Bowl）比赛期间屏幕上闪现的苹果广告短片简直就是个传奇。在短片中，苹果作为奥威尔式监控国家的解放者被搬上荧幕。一排排毫无意识、麻木不仁的工人以整齐划一的步伐走进一个大厅，静静地聆听电幕上“老大哥”的精彩讲话。这时，一个女子冲进大厅，思想警察正在追赶她。这个女子坚定地向前跑着，手握巨大的铁锤放在健美的胸前。她毫不犹豫地跑向“老大哥”，使出全身力气将铁锤掷向电幕，电幕随后爆炸，火光冲天。人们从麻木中清醒。这时，一个声音伴随着文字出现了：“1984 年 1 月 24 日，苹果电脑将推出 Macintosh，你会明白为什么 1984 年不会是小说中的 1984 年。”与苹果广告所传达的信息不同的是，1984 年并未成为监控国家结束的标志，而是成了新型社会的开端，其效果超出奥威尔的监控国家数倍。交际完完全全地被监控了，每个人都是自己的全景监狱。

情绪资本主义

如今是一个情感话题泛滥的时代。很多学科中都有关于情感的研究。突然间，人不再是理性动物（animal rationale），而是感性物种。然而，没人过问，对情感的这种突如其来的兴趣从何而来。关于情感的科学研究似乎并没有对研究过程中所做的事进行思考。这些研究都忽略了一点，即情感的发展趋势首先是和经济发展进程紧密相连的。此外，所用的概念也完全混淆，有时候是用“情绪”（Emotion），有时候又叫“感觉”（Gefühl），有时候也会用“情感”（Affekt）。

“感觉”（das Gefühl）和“情绪”（die Emotion）

并不一样。我们所说的语感、球感等概念，用的都是“感觉”的感，而没用“情绪”的“情”或者“情感”(Affekt)的“情”。同样，我们只会说“悲痛感”，如果说“悲痛情”，听起来就有些奇怪。“情绪”和“情感”呈现的是纯主观的东西，而“感觉”表达出的则是客观的东西。

感觉是可以被讲述出来的，具有可陈述的尺度。然而，情感和情绪都是无法言表的。当今，戏剧面临着无法触动观众的危机，这实际上是讲述的危机。通过讲述来触动观众的戏剧正在被喧闹的情感体验式戏剧(Affekt-Theater)取代。因为没有语言的讲述，大量的情感呈现被搬上舞台。与感觉的呈现不同，情感的呈现不是立体的，为了把自己释放出来，它只能沿线性的轨道平铺下去。数字媒体就是这样一种情感体验式的媒体，数字化交流有助于实现精准的情感传输。因为受到时间的限制(Zeitlichkeit)，数字化交流更多的，是在传递情感，而非感觉。“狗屎风暴”

（Shitstorm）[1]实际上就是情感风暴（Affektstroeme），是典型的数字化交流现象。

感觉是断言性的（konstativ）。因此，在表达想法的时候，我们会说“我的感觉是”，而不说“我的情感或情绪是”。情绪不是断言性的，而是践言性的（performativ），与一定行为活动（Handlungen）相关，它是有意向性的，是指向一定目的的。感觉则不一定是意向的，例如产生害怕（Angst）的感觉常常不是因为某一具体的对象。但是，畏惧（Furcht）则不同，它是意向的。“语感”也不是意向的，它的非意向性将其区别于富有表现力的、亦即表达情绪的语言表达。类似的，可能还有那个听起来怪怪的“共感”（Mitgefühl），它是一种广博的世界感，并不针对某一个人。感觉所覆盖的范围，是情绪和情感无法企及的，

1 英语俚语，2013 年被收入杜登德语大词典。指人们通过新媒体对一些特定人物（通常是政治人物）或组织或言论进行口诛笔伐，连续一段时间在网络上发布大量的信息，不断地批评、抗议以宣泄心中的不满和愤怒。

后面二者仅是主观的表达。

感觉存在一种与情绪不同的时间性。它会持续一段时间。情绪明显比感觉更易流逝、更加短暂。情感则限于一定的契机（Moment）。与感觉相反，情绪不是一种状态，它不能延续。事实上，也的确不存在静止的情绪。静止的感觉却显而易见地存在着。“情绪状态”（Emotionszustand）似乎是一种矛盾的表达。情绪是动态的、基于一定情境的、行为化的。情绪资本主义（Kapitalismus der Emotion）恰恰充分利用了这些特性。相反，感觉因为缺少践言性而无法被很好地利用。情感也同样不具有践言性，它是爆发出来的，并且缺乏施为的对象。

氛围（Stimmung）则与感觉和情绪都不同。它比感觉更加强调客观性。在客观上，一个空间才可能具有这样或者那样的氛围，这种氛围表达了一种客观的实然（So-Sein）。然而，情绪则恰恰产生于这种实然的偏离。例如，一个地方可以充满友好的氛围，这种氛围是很客观的东西。但是，对于“情绪”或者“情感”来说，我们却不能用“友好”来形容它们。氛围既不是意向性的，也不是践言性的，而是人所处之处。它展示的是人所处的心理状态。这样，氛围就是静止的、显示境况的，而情绪则是动态的、践言的。情绪表达的，不是心境处于何处，而是心境向何处发展，是形成感觉的原因。

伊娃·易洛思（Eva Illouz）[1]在《资本主义时代的感官刺激》（*Gefühle in Zeiten des Kapitalismus*）一书中没有回答为什么在资本主义时代感官刺激受到如此推崇的问题，她也没有对感觉和情绪在概念上加以区分。在资本主义初级阶段回答什么是感官刺激的问题并没有多大意义：“韦伯《新教伦理与资本主义精神》一书的核心论题是经济贸易中情绪所扮演的角色，因为这些情绪是由神祇的神秘性引起的恐惧感，是企业

1 伊娃·易洛思，社会学家，希伯来大学理性研究中心研究员。

主孜孜不倦关注的焦点。”[33] 这里所用的“恐惧感”（Angstaffekt）一词是错误的概念。因为，恐惧（Angst）是一种感觉（Gefühl）。感觉是时间性的感念，而情感却与时间性无关。情感不是恒定不变的状态，因而不具有感觉所具有的持久性。然而，恰恰是始终存在的恐惧感让企业主孜孜不倦地去工作。韦伯所分析的资本主义是苦行主义的资本积累，相比于感性逻辑，它更遵从理性逻辑。因此，它没有机会走进将情绪资本化的消费型资本主义。另外，在消费型资本主义中，意义和情绪可以被出售和消费。对于消费型经济而言，具有决定性意义的不是使用价值，而是情绪和宗教祭祀的价值。易洛思也没有过多地考虑这种情况，以至于使情绪在非物质生产的资本主义时期才获得重视。直到今天，情绪才跻身生产资料之列。

易洛思进一步指出，埃米尔·杜尔凯姆（Émile Durkheim）作为社会学核心的“情绪抱团”（Bündel von Emotionen），即团结，将社会活动者与社会的核心象征联系在一起。她总结并强调："具有典范意义的现代社会学理论，即使在情绪理论方面并不成熟，至少也隐含一系列个体情绪的概念，比如，害怕、爱、抱负、冷漠、罪恶等。所有这些情绪在大多数历史和社会学阐述中都会出现。这些阐述破旧立新，开创了新纪元。"[34] 在此列举的若干关于情绪的社会学理论完全解释不了今天的情绪经济。此外，易洛思对感觉、情绪和情感没有做概念上的区分。"冷漠"（Gleichgültigkeit）和"罪恶"（Schuld）既不属于情感，也不属于情绪。只有用感觉才能表达出罪恶感（Gefühl der Schuld）的意义。

易洛思显然没有明白，今天的情绪经济最终应归因于新自由主义。新自由主义政权将情绪用作资源，来创造更强的生产力和更高的生产率。规训社会宣传手段所呈现的理性（Rationalität）在生产水平处于一定程度时会达到极限，随即会被认为是一种强迫和压制。它突然显得呆板和不可变通。这时，与自由感和人性自由发展相伴的感性（Emotionalität）便取代了理性。自由意味着任情绪自由流露。情绪资本主义充分利用自由。情绪因被视为自由的主观表达而受到广泛欢迎。新自由主义权力技术恰恰利用了这里所说的自由的主观性。

理性具有客观性、普遍性以及持久性的特征。因此它与主观的、基于情境的、易变的感性截然相反。情绪主要产生于状态变化和感觉变化之时。相反，理性常与持久、恒定和规律相伴。它更倾向于稳定的状态。新自由主义经济为了提高生产力，正逐渐消除其延续性，植入更多的易变性，同时推动生产过程的情绪化。就连提高社交效率也有利于生产过程的情绪化，因为理性比感性要缓慢得多，是近乎静止的，因此，强迫提高速度就导致了情绪的独裁（Diktatur der Emotion）。

此外，消费型资本主义为了刺激消费和需求也打出了情感牌。情绪化设计（Emotional Design）塑造了情绪模型，建构了将消费最大化的情绪典范。今天，我们最终消费的并不是商品本身，而是情绪。对商品的消费不无尽头，然而对情绪的消费则是无边无际的。情绪的发展超然于商品本身的使用价值，它开辟了一片新的广阔无边的消费空间。

在规训社会中人要像机器一样运转，情绪就成了阻碍，必须被彻底清除。规训社会中所谓的集中矫正（konzertierte Orthopädie）就是要把一个无形的面团（Teig）打造成麻木的机器。当情绪或者感觉被完全切断时，这些机器才会处于最佳的状态。

今天，情绪的作用在当下受到追捧，还尤其受到新型非物质生产方式的影响，在这种生产方式下，互动交流的意义愈加凸显。受青睐的不仅是认知能力，还有情绪引导能力。这种发展趋势导致人被完全运用到生产过程中。戴姆勒－克莱斯勒在一份声明中也有相应的表述：“因为服务态度十分重要，我们对员工进行考核评价时也越来越重视他们在社交和情绪引导方面的能力。”[35]现在，社会交往、沟通交流，也就是说全部的行为举止都要派上用场。情绪被用作原料，用以优化沟通交流。惠普（Hewlett-Packard）公司是这样说的：“惠普致力于传播沟通精神，是一家倡导一体同心精神的企业。企业中的员工沟通协作、齐心协力。这是一种情感关系。”[36]

在企业运行中，典范转移（Paradigmenwechsel）正在进行。情绪变得越来越重要。感性管理逐渐取代理性管理。今天的经理人已经告别理性行为原则，他越来越像励志讲师（Motivationstrainer）。动机和情绪密不可分。将他们绑定在一起的是动议（Motion）。积极的情感是提升动力的发酵酶。

情绪可以引起特定行为的发生，在这个意义上，它是具有践言性的。作为一种好恶，情绪是行为的能量和感性的基础。情绪受作为本能发源地的边缘系统控制，并构成了行为中前反思的、半意识的、身体本能的层面，这个层面通常不可以被感知。新自由主义精神政治为了对前反思层面的行为施加影响才对情绪加以管控，并借此对人进行深层的干预。因此，情绪才是精神政治对人进行控制的有效媒介。

游戏化

为了创造更大的生产力，情绪资本主义还学会了游戏，其实就是另一种工作形式（das Andere der Arbeit）。感性资本主义将生活和职场都进行游戏化（Gamifizierung）。游戏将工作情感化和戏剧化，以此产生更强的激励效果。让人尽快成功、获得奖励，也会随之带来更大的成果和收益。情绪激昂的玩家可比理性行事或者只在机械工作的劳动者敬业得多。

游戏具有特殊的时间性（Zeitlichkeit），无须超过这段时间就能收获成功和奖励。缓慢并且逐渐才能成熟的事物是不能被游戏化的。时间长、速度慢的事情，不符合游戏的时间性。例如，打猎就像游戏，但是农民让作物缓慢成熟和安静成长的劳作就不能被游戏化。生活是不能被完全变成打猎那样的游戏的。

工作的游戏化利用了游戏人（homo ludens）。人们在游戏的同时，就已经屈从于环境威力法则了。今天，“点赞”（likes）、“好友”（friends）或者“粉丝”（follower）等符合打赏逻辑的功能，使社交活动也屈从于游戏程式制度。交际的游戏化与商业化并肩同行，它们都在破坏人与人的沟通交流。

“社会被行尸走肉所控——劳动着的行尸走肉”，罗伯特·库尔茨(Robert Kurz)所在的克里西西社（Gruppe Krisis）撰写的《向劳动宣战》（*Manifest gegen die Arbeit*）一书的开头如是写道。财富生产在微电子革命后逐渐不再依赖人的劳动。在我们所处的后福特主义时代，劳动显得越来越多余，但是这个社会却前所未有地近乎一个劳动社会。这本书指出，恰恰是政治上的左派特别神化了劳动的意义。它不仅将劳动升华为人的本性，而且还臆想般地把劳动神秘化为与资本敌对的原则。被视为丑闻的不是劳动本身，而是利用资本对劳动进行的剥削。因此，所有的工人党纲领始终都是关乎免除劳动，而不是从劳动中解放出来。劳动和资本只不过是勋章的两面而已。

今天，尽管生产力极强，“不存在被迫的和为了实现外在目的的劳动的自由王国（Reich der Freiheit）仍然没有到来”[37]。马克思最终还是坚持了劳动优先权（Primat der Arbeit）的观点。因此，被视为最大生产力的自由时间的增加反作用于劳动生产力之上。[38] 必然王国（Reich der Notwendigkeit）也因此将自由王国殖民化。闲暇时间（Mußezeit）作为高级行为时间（Zeit für höhere Tätigkeit）将其所有者转变成另一种主体，而这一主体所拥有的生产力要强于只知道埋头劳动的主体。自由时间作为个体用来全面发展的时间有助于固定资本（capital fixe）的形成。知识也因此被资本化。闲暇时间的增加，时髦地讲，同时也增加了人力资本（Humankapital）。可以无目的、随意活动的空暇也变成了资本。马克思认为“固定资本就是人本身”。人用自己的一般智力（general intellect）将自己转化成资本。真正的自由只有通过将生命从资本中、从这一新的超越论（Transzendenz）中全面解放出来后，才可能实现。资本的超越封锁了进入生命内在（Immanenz als Leben）的通道。

与马克思的看法相反，生产力和生产关系之间的辩证关系并没有带来自由。这种辩证关系其实使我们陷入一种新的剥削。因此，我们必须以马克思来超越马克思去思考，才可能真正掌握自由，即自由的时间。获得自由，只能寄希望于劳动的其他方面，寄希望于一种不再是生产力、也不能转化成劳动力的完全不同的力量，也就是说依靠一种与生产无关的生存形式。我们的未来将取决于我们能否超越生产去利用无用之用。

人是享乐物种。享乐（Luxus）本意与消费行为无关，而是一种非必需的生活方式。自由是建立在偏离及脱离必然的基础上的。享乐超越了翻转困境的意图。今天，消费行为也成了享乐。过度消费就是非自由，是与劳动的不自由一致的一种束缚。作为自由的享乐如同游戏，只有在不考虑工作和消费的情况下，才可能实现。如此看来，这种享乐与苦行近似。

真正的幸福要归功于无度、放纵、享受、空洞、过剩以及奢侈，即基于摆脱必须、劳动和效率，以及抛却目标。然而，今天，就连资本也变得过剩，解放的潜能也被剥夺。此外，游戏也属于脱离了劳动与生产过程的享乐。作为生产要素（Produktionsmittel）的游戏化摧毁了通过游戏获得解放的潜能。游戏使人能够对事物加以完全不同的利用，使事物摆脱资本的宗教性和目的性（Theologie und Teleolgie）。

此前，有一则关于在希腊发生的异常事件的报道。之所以异常，是因为事情发生在一个饱受资本枷锁之痛的国家。这一事件具有特别标志性的意义，似乎预示着未来。孩子们在房子的废墟中发现一大捆钞票，但是并没有把钞票当钱花，而是把它们当作玩具，并撕毁了这些钱。这些孩子可能预知到我们的未来：世界身处废墟。我们就像那些孩子一样在废墟中玩弄、撕扯着钞票。

“亵渎神明”（Profanierung）意思是，属于神明，因此不允许人使用的东西又回到由人任意使用的状态。[39] 那些希腊的孩子们把钱当作玩具，便是对钱的亵渎。如今，被膜拜、神化的钱因为被亵渎而突然变成俗世的玩具。

阿甘本从敬神行为上的“集中”和“注意”（relegere）的角度来理解宗教的概念。以此为依据，宗教便有了专注和警惕的意思，换言之，对神圣的事物保持警醒，负责将神圣事物与他物分隔。这种分隔主要是为了宗教而进行的。那么，亵渎的意思就是指那种违背警惕性而有意疏忽的态度。那些希腊的孩子通过把玩以及撕毁钞票展示出来的，就是这种态度。亵渎也因此是我们摆脱超然（Transzendenz）和各种主体化形式的自由的践行。亵渎开辟了内在（Immanenz）的游戏空间（Spiel-Raum）。

思考具有劳动型和游戏型两种形式。黑格尔和马克思的思想都是围绕劳动原则展开的。海德格尔的《存在与时间》（*Sein und Zeit*）同样也遵从劳动原则。他的“烦”（Sorge）与“畏”（Angst）中所表达的“此在”（Dasein）不具有游戏性。到后期，海德格尔才发现在《泰然任之》（*Gelassenheit*）中所写的游戏本质。他就是这样将世界本身诠释为游戏的。他探究着有关“几乎还未被预料和思考的游戏空间的悬而未决的问题”[40]。海德格尔的“时间—游戏—空间”（Zeit-Spiel-Raum）指出了一种摆脱所有劳动形式的时间—空间。这是一种“事件—空间”（Ereignis-Raum）。在这里，作为主体化介质的“精神”（Psychologie）被完全压制。

大数据

哥伦布蛋

边沁将其全景监狱和哥伦布蛋进行了对比。边沁理论可以被应用在所有规训社会的监狱式环境中，并且可以十分有效地监控社会中的每个人。[41]边沁认为，他的全景监狱是社会秩序中戏剧性的转折："如果这个原则从最初被逐步接受到最终被广泛应用，会导致文明社会的面貌发生无法预知的戏剧性变化，您会怎么看？"[42]

作为数字化控制社会的哥伦布蛋的大数据，会被证实比边沁的全景监狱更为高效吗？大数据真的既能监控人的行为举止，又能让人的行为举止服从于精神政治的控制吗？文明社会的面貌会再次发生完全不可预知的戏剧性转变吗？

大数据的确可以非常有效地进行控制。“我们保证您可以 360 度全方位了解顾客”是美国大数据公司 Acxiom 的宣传口号。数字化全景监狱实际上让人能够 360 度全方位监视其中的每个人。边沁的全景监狱与视觉角度有关，这样，它就不可避免地存在死角，囚犯在这个死角内可以悄悄地随心所欲，而不被发现。

因此，非视角性（aperspektivisch）的数字化监控才是最有效的。它不受视角的局限，而视角的局限正是模拟视觉（analoge Optik）的特征。数字化视觉对每一个死角都能进行全方位监控，这样一来，也就不存在所谓的死角了。而且，与模拟视角、透视视角相比，数字视觉还能洞察人的精神。

数据主义

大卫·布鲁克斯（David Brooks）在《纽约时报》（*New York Times*）上宣布了数据革命的到来。其中的内容与克里斯·安德森(Chris Anderson)的《理论的终结》（*The End of Theory*）同样具有预言性。“数据主义”（Dataismus）是一种新的信仰：“如果您问我，今天哪种哲学会再次广泛流行，我会说：数据主义。我们现在可以收集大量数据。这种能力似乎具有一定的文化设想，即所有可测的事物，都应当被测量。数据作为透明、可靠的透镜帮助我们排除了情绪及意识形态的偏见，让我们有能力去做不同寻常的事，例如，预知未来。……数据革命把一个神奇的工具交到我们手中，我们借此理解当下与未来。”[43]

数据主义以第二次启蒙运动的身份隆重登场。在第一次启蒙运动中，人们相信统计学能够让知识脱离神话的内容。因此，第一次启蒙运动中的统计学受到近乎狂热的赞颂。受统计学的影响，伏尔泰（Voltaire）甚至渴望见证涤清神话影响的历史。伏尔泰认为统计学是“那种无论作为公民还是作为哲学家都愿意去读历史的人所好奇的对象”。由统计学重新评价的历史是具有哲学性的：“统计数字是伏尔泰在方法论上怀疑那种只有叙事性的历史的出发点：他怀疑古代史中的那些故事（Geschichten），认为这些故事总是多少带有一些神话的色彩。”[44] 伏尔泰认为统计学就是一种启蒙，它以客观的、以数据证实和推动的认知来反对神话叙事。

第二次启蒙运动的口号是透明（Transparenz）。数据是透明的媒介。正如《纽约时报》关于数据主义的文章中所说，数据是“透明并且可靠的透镜”。第二次启蒙运动的要求是，一切都要归于数据和信息。这种数据极权主义，又叫数据崇拜主义，赋予第二次启蒙运动生命与灵魂。声称可以摆脱任何意识形态的数据主义，本身就是一种意识形态。数据主义导致数字化极权主义的形成。因此，第三次启蒙运动是必要的，它让我们清楚：数字化的启蒙运动已经被奴役了。

大数据使认知不再受主观专断的束缚。因此，直觉不再是认知的高级形式，而是主观性的，弥补客观数据缺失的权宜之计。在复杂情况下直觉具有盲目性就是一个论据。就连理论也陷入了对意识形态的怀疑之中。如果有足够的数据，意识形态就会显得多余。第二次启蒙运动是纯数据化认知的时代。克里斯·安德森在其预言性的演讲中说道："从语言学到社会学，每一种关于人类行为举止的理论都已经过时了，请忘记分类学、实体学还有心理学。谁能告诉我，人类为什么做其所做？他们就是做了他们做的事，而我们则能以无比精确的方式追查和测出其所作为。若有足够的数据，数字自己就会说话。"[45]

第一次启蒙运动靠的是理智。在理性的名义下，想象力、肉体性和渴望感遭受压制。致命的辩证法使启蒙运动变成野蛮行为。同一个辩证法也威胁着基于信息、数据和透明性的第二次启蒙运动。第二次启蒙运动导致了一种新型暴力的产生。启蒙运动辩证法说，要去摧毁神话的启蒙运动，自己却一步步陷入神话学的困境："误导性的启蒙（Klarheit）只是神话的另一种表述而已。"[46] 阿多诺（Adorno）可能会说，就连透明性都只是神话的另一种表述而已，数据主义可能会引起一场误导性的启蒙。同一个辩证法使反对意识形态的第二次启蒙运动变成一种意识形态，变成一个野蛮数据时代。

数据主义被证实为数字化的达达主义（Dadaismus）。达达主义无一例外地放弃了所有的语境（Sinnzusammenhang）。语言在意义上是空洞的："生命中的事件都无始无终。一切都愚蠢至极，因此万事皆同。达达就意味着简单（Einfachheit）。"[47] 数据主义也是虚无主义。[48] 它完全摒弃意义（Sinn）。数据和数字是可以相加但不能叙述的。相反，意义则建立在叙述的基础之上。数据填充了这种意义的空洞。

今天，数字和数据不仅被绝对化，也被性别化和神化。例如，“量化自我”（Quantified Self, QS）基本上是由力比多能量来驱动的。数据主义总体上显示出力比多方面，或者直白地说，色情方面的各种特质。数据主义与数据进行交配。因此，现在也有“数据性行为”（Datasexsuell）这种说法，是指“坚决数字化”，认为数据是“性感的”。[49]“数字化”（digital）一词与“手指”或“脚趾”（digitus）一词同源，而手指、脚趾看起来就好似菲勒斯 (Phallus)。

量化自我

在数据时代，总的来说，人们相信生命是可以被测量、被数字化的。就连“量化自我”理论也沉湎于这种信仰。身体被装上传感器，自动接受数据。体温、血压、卡路里摄入、卡路里消耗、运动情况或者身体脂肪含量都可以被测量。在静坐冥想的时候，心跳会被记录下来。就连休息的时候，身体的机能也要被计算。心理状态、情绪状况和日常活动等也都会被记录下来。这种自我测量和自我监控可以提升机体及精神的功能。然而，这个过程所积累的精准数据却无法回答“我是谁”的问题。就连“量化自我”理论其实也就是一种自我达达主义技术，它使自我完全失去意义。自我被彻底分解成数据而失去意义。

量化自我的座右铭是“通过数字认识自己”（Self Knowledge through Numbers）。不管数据和数字有多全面，我们都无法仅仅通过它们完成自我认知。数字不能叙述自我（Selbst）。算数不是讲述。我之为我，要感谢的是叙事。是叙事，而不是计数（Zählen），引发了自我找寻，或说自我认知。

就连古希腊的自我担忧也与自我记录的实践方法相关。自我担忧的本质部分就是德尔图良（Tertullian）的自我书写（Publicatio sui）：“在自我担忧的文化下，书写具有同样的重要性。人们为了日后还能读到当时的情况，而把自己的思想、行为写下来，给朋友寄送对他们有用的论文和书记，为了需要时想起来过去的事实真相而写日记，这些都属于自我担忧的践行。”[50]

自我书写致力于追求真相。把自己记录下来，有助于形成个人伦理。数据主义则清除了伦理与真相的自我定位（Self-Tracking）功能，并且让这种自我定位沦为自我控制的技术。收集来的数据也会被公布出去，并且被用于互相交换。因此自我定位越来越像自我监控。今天的主体，是自己剥削自己的企业主，也是自己监控自己的监视器。自我剥削的主体自造了一个劳改所，在那里，它既是受害者也是作案人。自我启发和自我监控的主体自建了全景监狱，它在其中既是囚犯，也是看守。数据化和网络化的主体其实就是自己的全景监狱。监控的任务就是如此被分派给每个个体。

生命的总记录

今天，我们每一次点击、每一次搜索都会被存储下来。网络上的每一步都被监视和记录。我们的生命，在网络上被完整地临摹出来。数字化的行为习惯，准确地刻画出我们外在和内心的图像，这比我们自己刻画自己要更加全面、准确。

如今，可使用的网址数量不计其数。每一种日用品都可以有一个自己的网络地址。这些东西变成了主动的信息发送者。它们讲述我们的生活、我们的行为和我们的习惯。网络从注重人的拓展的 2.0 时代发展成为注重物的拓展的 3.0 时代，标志着数字化控制社会的建成。在网络 3.0 时代，对生命进行总体记录成为可能。如今，对我们进行监控的正是这些我们每天都要使用的物品。

我们好像被囚禁在数字化总内存（Totalgedächtnis）中，而边沁的全景监狱缺乏的恰恰是有效的记录系统，在那里只有一本“处罚簿”，用来记录实施的处罚及其原因。囚犯的生活并没有被记录下来。他们的真实想法和愿望，老大哥也无从知晓。与可能十分健忘的老大哥不同，大数据不会遗忘任何事情。仅仅出于这一原因，数字化全景监狱也要比边沁的监狱有效得多。

大数据和数据挖掘（Data mining）在美国大选中被证明实际上是一枚哥伦布蛋。候选人可以 360 度全方位窥视选民。从不同渠道收集来的海量数据，当然其中就包括买来的数据，被串联起来进行分析，从而清晰地掌握了选民情况。选民的私生活，甚至心理情况也因此被一览无余。微目标定位 (micro-targeting) 手段可以有的放矢地用个性化信息去引起选民的兴趣，对选民施加影响。微目标定位作为权力的微观物理实践是一种数据制动性精神政治学（datengetriebene Psychopolitik）。智能运算能够对选民态度进行预测，从而使演说尽善尽美。迎合个体的演说无异于个性化广告。选举越来越像购买，国家越来越像市场，公民越来越像消费者。微目标定位成为精神政治的惯用手段。

人口普查作为规训社会的一种生物政治手段，提供的是人口统计学的，而非心理学上可利用的资料。生物政治学无法对精神世界一探究竟。相反，数字化的精神政治学则能够有预见性地干预心理变化过程。它也许可以在速度上超越自由意志，赶在自由意志前发挥作用。这可能就意味着自由的终结。[51]

数字化潜意识

大数据可能会使我们的愿望在不知不觉中被他人读取到。在某种特定情况下，我们会产生一些不被意识知晓的莫名喜好。我们经常不清楚，为什么在内心深处会突然感觉到有某种特定的需求。一位怀孕到某一周的孕妇会对某种特定的商品产生需求，但她自己也不清楚这种需求是由一种相关关系（Korrelation）引发的。不知道为什么，她就是按照自己的心愿买回商品，她觉得事情“就该如此”（Es ist so）。“就该如此”或许与弗洛伊德的本我（Es）在心理上相近，这种本我脱离了有意识的自我（Ich）。如此看来，大数据似乎会将本我塑造成为精神政治所用的自我。倘若大数据能打开通道，进入支配我们的行为和喜好的潜意识，那么，深入到我们精神中去并对精神进行利用的精神政治就具有现实性。

瓦尔特·本雅明（Walter Benjamin）认为，电影摄像机使人们可以理解什么是视觉潜意识（Optisch-Unbewusste）：“特写镜头延伸了空间，慢镜头则延伸了运动……显而易见，这是一个异样的世界，摄像机前的它和人眼看到的它截然不同。造成这种不同的原因主要在于，一个由潜意识编织的空间代替了一个由意识编织的空间。当我们大体上习惯于伸手去抓打火机或者勺子时，我们就不会了解手和金属之间究竟发生了什么，也就更不会知道这种动作会随着情绪的波动发生怎样的变化。在这里摄像机凭借一些辅助手段发挥作用，例如通过下降和提升，通过中断和隔离，通过对过程的延长和压缩，通过放大和缩小进行介入。通过摄影机我们才能获知视觉潜意识的存在，就像通过精神分析了解到本能潜意识一样。”[52]

大数据和电影摄像机具有可比性。数据挖掘作为数字化透镜会放大人的行为，并且在由意识编织的行为空间背后开辟一个潜意识编织的行为空间。大数据的微观物理学原理使我们可以透视潜意识的微观行为（Mikro–Handlung，或者 actomes）。大数据还可以找出集体行为模式，而作为个体的我们对此可能一无所知。集体潜意识（Kollektiv–Unbewusst）也因此为人所知。与视觉潜意识相似，微观物理学或者微观心理学方面的关系网也被称为数字化潜意识。于是，数字化精神政治学就可以在潜意识层面干涉大众的行为举止。

大手笔

今天，大数据不仅以老大哥的身份登场，现在，它还是一笔大买卖（Big Deal）。大数据首先是一宗大买卖。个人数据无一例外地被货币化和商业化。今天，人作为具有经济价值的数据包被交易和对待。因此，人本身成了商品，老大哥和大买卖相互结盟，监控国家和市场合二为一。

数据公司 Acxiom 将 3 亿——几乎是所有——美国公民的个人数据作为商品进行交易，该公司现在对美国公民可能比中情局还要了解。在 Acxiom 公司，人被分成 70 类。在类别手册中，人被当作商品出售。针对每一种需求都有相应的商品供应。经济价值低的人在此被视为“废品”，而市场价值高的消费者则被归到明星组（Shooting Star）。这些 36—45 岁的人充满活力，早起晨跑，已婚却无子女，热爱旅行，并且会看电视剧《宋飞正传》（*Seinfeld*）。

大数据背景下诞生了一个新的数字化阶级社会。被归为“废品”类别的人属于最底层阶级，银行也拒绝给分值低的人贷款。除了全景监狱，现在又诞生了一个筛选监视机制（Bannoptikum）。[53] 全景监狱是对被关押的体制内的囚犯进行监控，而筛选监视则是认定那些远离体制或者敌视体制的人为不受欢迎的人而将其排除在外的机制。传统的全景监狱服务于规训社会，而筛选监视机制则负责保障体制的安全和效率。

数字化筛选监控机制将经济上毫无价值的人认定为废品。废品是必须被清除的东西，“是多余的，是废物（Menschlicher Müll），应当被社会丢弃——一言以蔽之，是垃圾。垃圾是无用之物的应有之意（Inbegriff）；垃圾堆里的东西都是些无可挽回、一文不值的东西。垃圾最重要的作用在于弄脏和堵塞我们本可以好好加以利用的空间。筛选监视的最高目标，是确保把垃圾与有价商品分离，放在一边，准备送到垃圾场”[54]。

遗　忘

人的记忆就是一种讲述，一种诉说，遗忘是其中必要的组成部分。数字化记忆则是毫无遗漏地相加和积累。存储起来的数据可以用来计算，却不能用来讲述。存储和调取本质上与具有叙事过程的记忆是不同的。即使自传也是叙事性的回忆文本，而时间轴（Timeline）则无法叙事。它只是对事件或者信息进行的记录和累加。

记忆是动态鲜活的过程，不同的时域在此过程中彼此干预和影响。记忆不断被重写和调整。弗洛伊德也将人的记忆看作有生命力的有机体："众所周知，我的设想是，存在于记忆痕迹中的素材会不时进行重组、关联，从而被改写，这样的过程叠加在一起形成了心理机制。我的理论中真正新的观点是，记忆不是一次形成的，而是经过多次加工后以各种符号的形式留存下来的。"[55] 因此，不存在被原原本本记忆下来并且可以原形再现的过去。数字化的记忆是由一个个中立的、几乎不会消逝的当下构成。它不具有可以延展开的时间范围，而活着的东西应该具有时间性。如此一来，数字化的生命就失去了生命力。数字化的事物在时间上是长生不死的。

精　神

大数据会诱导绝对认知的产生。一切都可以被测量、被量化。各种事物终究会暴露出他们之间存在的遮蔽的、隐秘的相关关系（Korrelation）。人的行为举止也因此可以被准确地预判出来。这预示着新的认知时代的到来。相关关系取代了因果关系。“就是这样”（Es-ist-so）取代了“为什么”（Wieso）。数据驱动的事实的量化使人的认知不再具有灵魂。

估计在精神哲学家黑格尔看来，号称“全知”（All–Wissen）的大数据，实际上却是绝对的“无知”

（Unwissen）。黑格尔的《逻辑学》探讨的是认知逻辑的问题，书中认为建立相关关系是认知的最原始阶段。例如，假设 A 与 B 相关，A 发生变化，则 B 也会随之变化。在相关关系中，不管这种关系多么显著，人们也无法知道，它为什么会表现出这样的相关性。人们会想，事情本身就是这样的。相关关系是概率关系，而不是必然关系。它说的是：通常情况下，相关的 A 与 B 会同时发生。这就是相关关系与因果关系的区别所在。如果要表达一种必然关系，我们则会说：A 的发生导致 B 的发生。

因果性不是认知的最高阶段。相互作用（Wechselwirkung）比因果关系更加复杂。它说的是，A 与 B 互为条件。A、B 之间存在必然的联系。但是，仅仅停留在相互作用阶段，还无法诠定 A 与 B 之间存在的关联的概念："仅从相互作用的角度去观察已知的内容，这本身就是一种压根无法诠定概念（begriffslos）的行为。"[56]

正是对“概念”（Begriff）的诠定催生了认知。“概念”是将A与B囊括其中的C。借助C，A与B得到了诠定。它是将A与B概括在内的更高层级的联系，从这个联系出发，可以证明A与B之间的关系。因此，A与B是组成第三方的更高层级的要素。只有在概念的层级上，认知才能实现：“概念是事物内在固有的、我之为我的（使自己与其他事物区别开来的）特性。理解一个事物，就是去明白它的概念。”[57]只有从具有概括性的概念C出发，才能完全理解A和B的相关关系。大数据只进行了碎片式的认知，亦即只发现原始的相关关系，而并未对概念进行诠定。没有被诠定概念的大数据是没有灵魂的。这种由大数据诱生的绝对认知，就是绝对无知。

概念是一个把各种要素（Momente）囊括其中（ein-schliesst）进行融合领会(ein-begreift)的整体。它以推论（Schluss）的形式，诠定了其中的一切（In dem Schluss ist alles inbegriffen）。“一切皆为推论”意味着“一切皆是概念”。[58] 绝对认知也就是绝对推论。对绝对的定义是：“绝对就是推论。”[59] 单纯的叠加进行不了推论，推论也不是叠加的结果，而是叙述的结果。绝对推论排斥无限的叠加（weitere Addition）。推论作为叙述的结果是叠加的对立面。大数据是纯粹的叠加产物，永远得不出结论，永远无法终结。与大数据带来的相关关系和叠加关系不同，理论（Theorie）是一种叙述性的认知形式。

精神也是一个推论，一个整体，各组成部分被合理地组织在一起。在这里，推论表现出一种整合性。没有精神，这个世界会变得支离破碎。精神组成了这个世界的内在（Innerlichkeit），组成了汇聚一切的集合（Sammlung）。理论也是一种推论，将各组成部分融合、诠定于一身。克里斯·安德森所发表的《理论的终结》，传达了我们终将与精神告别的思想。大数据使精神完全枯萎。大数据驱动下的人文科学也不再是真正意义上的人文科学。绝对的数据化认知（Data-

Wissen）等同于回到精神原点的绝对无知。

逻辑学认为："所有理性的东西都是推论。"[60]黑格尔认为，推论不属于形式逻辑的范畴，当一个过程的开头和结尾形成合理关联，进而构成有意义的整体时，推论就会出现。这就说明与单纯叠加不同的是，叙述得出的是一种推论。认知是一种结论，礼俗和仪式也是推论的形式。它们都呈现了叙述过程，并且有相对原时和自己的韵律节奏。叙述没有加速度，而推论的形式则刚好相反，它们会衰变，一切都在流散，不会静止。当世界的一切都是叠加出来的，并且丧失所有的叙述张力和垂直应力的时候，就会出现全面提速（Totalbeschleunigung）。

今天，仅仅依靠感觉已经无法进行推论，因为感觉在无边无际的数字网络中不停切换，它已经完全迷失了自己。只有在沉思冥想的片刻，推论才会迸发而出。闭上眼睛，才象征着进行推论。然而，图像和信息的快速转换让人目不暇接，闭不上眼睛就得不出只有沉思冥想才得以实现的推论。如果说理性是一种推论，那么大数据时代就是一个失去理性的时代。

大事件

17 世纪时，统计方法的问世让科学家、投机者、诗人和哲学家都兴奋不已。他们迷上了这种新的、统计学带给他们的概率和规律现象。亢奋的心情绝对不亚于今天我们看待大数据的心情。因为世界依然具有偶然性，当时的统计学让人们再次相信天意的存在。上面的情况在 18 世纪约翰 · 阿巴斯诺特 (John Arbuthnot) 撰写的一篇关于人口统计的论文中得到了证实，这篇论文题为《神旨的论据——从不列颠出生人口性别比的规则性谈起》(An Argument for Divine Providence, taken from the Regularity observ'd in the Britisch Births of both Sexs)。一些哲学家甚至认为，从统计得出的男性新生儿数量明显多于女性新生儿数量的结论中便可认清神的旨意。这一观点也被他们用来为战争辩护。

康德也痴迷于统计计算得出的规律性结论，并将其融入自己的历史目的论研究中。他一方面认为意志是自由的，另一方面又认为这种意志的自由是受到制约的。人的行为作为自由意志的外在表现，跟其他所有自然现象（Naturgegebenheit）一样都是由普遍自然法则（Naturgesetz）所决定。如果用普通眼光去看待人的自由意志的活动，就会发现其规律性（Gesetzmäßigkeit）。不论各个主体的行为表现得多么杂乱无章，从类别上来说，它们都能显现出一种尽管缓慢但持续向前发展的原初的禀赋（Anlage）。随后，康德指出了下面的统计数据："假设结婚的数量以及与此相关的出生数量和死亡数量会遵循某种规律，那么通过计算，它们都可以被提前确定出来。现实是，它们似乎不遵循任何规律，因为人的自由意志对这些数据的变化施加了极大的影响。但是，一些大国的年度统计表却证明，上面这些数据也和变化无常的天气一样，遵循着固定不变的自然法则。尽管谁也规定不了天气变化的规律，但总的来说，各种不同的天气情况（还是会本质使然的）足以保证植物的生长、河流的流淌和其他自然界中的事物都按照同样的、不间断的进度运行。个人，甚至整个民族很少虑及的是，无论对自我意图的追求是如愿以偿（ein jedes nach seinem Sinne）还是事与愿违（einer wider den andern），在此过程中，他们都是不自知地顺着自然意图（Naturabsicht）走下去的。这种意图就像一条线索，引导着他们继续向前。”[61]

第一次启蒙运动基本上是与对统计学知识的信仰紧密联系在一起的。就连卢梭（Rousseau）的“公共意志”(volonté générale) 也是统计数学运算的结果。公共意志是在没有任何交流的情况下形成的。[62] 它得自统计计算后的中间值（Mittelwert）：“总体意志（Gesamtwille）和集体意志（Gemeinwille）之间总是存在巨大的差异；一些人只看到集体利益，而另一些人只看到个人利益，这统统都属于特殊意志：但是如果不考虑这种衬托差异的多数（das Mehr）和少数（das Weniger），剩下的就是表征差异集合的集体意志。”[63]

卢梭明确强调，公共意志的确定无需交流，甚至必须将交流排除在外。交流使统计学丧失客观性。因此，卢梭反对组建政治党派和联合会。卢梭的民主是没有讨论和交流的民主。统计学方法合成了数量和真相。[64] 针对如何识别优秀政府的问题，卢梭给出了生物政治学的答案。他避免从道德角度回答这个问题。政治联合的目的无异于维护和保障社会成员的福利。对此，最可靠的衡量标准就是人口是否增加。在公民数量节节攀升的地方，那里的政府无疑是最好的。卢梭因此宣称：“统计学家们，现在是你们的时代了，计算吧，测量吧，比较吧。”[65]

今天，人们对大数据的兴奋与18世纪对统计学的狂热十分相似。然而，人们当时对统计学的这种狂热很快就退去了。统计学就像18世纪的大数据。很快，反对统计出来的理性的观点就出现了，主要以浪漫派为代表。浪漫派的基调就是对平均和常规感的厌恶。他们用稀有性、不确定性以及突发性来反驳统计、计算出来的极大的概然性。浪漫派以其中意的奇特性、异常性和极端性来反对统计学的常规性。[66]

尼采也厌恶统计出来的理性："统计学证明，历史是有定律的。是的，统计学也证明了，群体大众是何等鄙俗、令人生厌的千篇一律。你们应该去雅典推广统计学！在那里，你们才会感觉到什么叫异类！群体大众越是低级和平庸，统计规则就越是严密，而敏锐和高贵的人聚在一起时，这种规则马上就会去见鬼。在至高无上的伟大灵魂那里，你们的统计学便无计可施了，比如，你们能计算出伟大的艺术家是何时结婚的嘛！如果这时你们还妄想找到什么规律，你们就死了这条心吧。就算历史中存在什么规律，这些规律也是没有价值的。发生过的事，即历史，就是无价值的事。”[67] 统计学不关心“哪些伟大的人物正活跃在历史的舞台上”，它关注的只有“统计学家”。尼采反对那种把大规模的群体本能（Massentriebe）看作历史中重要、主要的因素，而把伟大的人物等同于洪流中清晰可见的气泡，仅仅视之为最显著标志的历史观（Historie）。

尼采认为，统计学数字仅仅证明了人是群居动物，“日益增多，并趋于相同”。今天的透明及信息社会也同样具有这种同一性特征。当一切迅速变得清晰可见，也就不可能存在什么分歧了。透明催生了从众的强迫（Konformitätszwang），这种强制革除了区别、异样和分歧。大数据主要是让集体性行为模式变得清晰可见。数据主义使得这种趋同的步伐不断加快。数据挖掘与统计学没有本质上的差别。它所揭示的相关关系表达了统计学上的概率。统计学无非就是计算出了平均值，大数据也大同小异。大数据不能预见大事件的发生。无论是历史，还是人类的未来，都不是由统计得出的概然性决定的，而是由不确定的、个别的大事件决定的。因此，大数据也无法预见未来。

超越主体

尼采认为，对绝对突发（das Plötzliche）和颠覆（das Durchkreuzende）的戒备属于被人内化的本性（Vernatürlichung）。[68] 那种颠覆现行秩序的事件（Ereignis），如同自然现象（Naturereignis）一样不可预估、意外降临。事件完全不可预估和预判，并且会开创崭新的局面。事件将外界因素引入，让主体破除遮蔽，摆脱屈从。事件呈现出的爆发性（Brüche）和断裂性，都具备开辟新的自由空间的潜力。

与尼采一脉相承，福柯也坚持那种凸显事件切创性、唯一性的历史观。福柯用事件指代力量对比关系的颠倒、权力的倾覆、话语的转换以及对话语权人

（Sprecher）的反抗。[69] 在事件中，另外一种话语秩序会从天而降。事件通过变换存在（Sein）的布局，打破对现有存在的笃定。事件是一种清除，在清除的过程中完成了对统治的推翻和颠覆。事件使之前状态中完全不存在的事物开始出现。

和体验（Erlebnis）不同的是，经验（Erfahrung）是建立在断裂性基础上的。经验意味着蜕变。福柯在一次谈话中发现，尼采、布朗肖（Blanchot）和巴塔耶（Bataille）所称的经验能帮助“主体摆脱自身的束缚，这样，主体就不再是原本的主体，抑或推动主体趋于毁灭或分崩”[70]。“主体—存在”就意味着“服从—存在”。经验让主体摆脱自己的屈从性。它是强调体验和情绪的新自由主义精神政治的对立面，因为这种政治只会让主体在屈从的泥潭中越陷越深。

透过福柯，我们可以把生存艺术理解为对自由的实践，这种实践让生存方式变得截然不同。生存艺术就是“去除心理化的艺术，意味着消灭心理学，意味着从自我中超脱，把本性、特质、性质等有名无名的个性统统示人。如果做不到这些，生命就毫无价值”[71]。生存艺术与心理恐怖是势不两立的，心理恐怖是用来实现主体化的工具。

新自由主义精神政治学是一种统治技术，它通过设定心理上的程序，开展心理上的操控，来维持统治系统的稳定运行。因此，作为对自由进行实践的生存艺术，就必须采用去心理化的模式。它让作为统治工具的精神政治无计可施。主体被去心理化，就意味着被倒空，只有这样主体才会在任何生存模式下都获得自由。

痴言痴语

在 1980 年的斯宾诺莎（Spinoza）讲座上，德勒兹（Deleuze）发现："毫不夸张地，我认为，他们装傻。装傻，一直以来也是哲学的功能之一。"[72] 哲学扮演的是一个装疯卖傻的角色。哲学从初始就与痴傻紧密相连。每一个能创造出新概念、新词汇、新思想的哲学家都必定是个痴傻之人。只有傻瓜才能理解"异于是"（das ganz Andere）。痴傻从各种事件和个别性中剥茧抽丝，为思想开辟出排空主体和心理作用的内在平面（Immanzfeld）。

哲学史就是一部痴言痴语（Idiotismus）史。知道自己无知的苏格拉底可以说是一个傻瓜。怀疑一切的笛卡尔同样是个傻瓜。我思故我在（Cogito ergo sum）是一句痴言痴语（Idiotismus）[1]。思考的内部缩减成全了另一种思考的发端。笛卡尔通过对思考本身进行思考来表明自己正在思考。思考通过向自身的回归，重新抱朴含真。德勒兹让另一种傻瓜来与笛卡尔这样的傻瓜对峙："旧时的傻瓜追求的是自己形成的自明性（Evidenzen）：这时，一切都变得可疑……新提出的傻瓜根本不在乎什么自明性……荒谬性才是其追求所在——这是思考的另一种完全不同的形象。旧时的傻瓜追求真实，而新傻瓜则打算将荒谬升格为思考的最高权威。"[73]

今天，社会上的异己、蠢材或者傻瓜好像几乎都消失了。数字化全面联网与交际大大地提高了从众强迫（Konformitätszwang）的效应。舆论暴力压制了痴言痴语。博托·斯特劳斯 (Botho Strauss) 深知今天的

1　本意为习语，这里引申为傻瓜说的话。

从众和市井习俗之间的区别："对傻瓜来说，他以外的其他人之间的交流都非常和谐。大家都把格调降到最易相处的程度……这种习俗比以往的任何一个我们所熟知的资产阶级时代的习俗都更加根深蒂固。"[74]

傻瓜是一种特异体（Idiosynkrat）。特异体质（Idiosynkrasie）字面上的意思是体液发生特殊混合后引发的过敏反应。当交际必须提高效率的时候，特异体质就会基于免疫反应而筑起一道屏障。无界限交际沟通因为它的存在而变得障碍重重。因此，为了提高交际效率就必须抑制特异体的免疫反应。为了使信息和资本循环加速，就要大力抑制免疫反应。在同类间相互呼应的时候，交际效率就会达到峰值。相反，对相异性和陌生感的抵制和反抗妨碍并延缓了同类之间的顺畅交际。恰恰在同类人的吵吵嚷嚷中，交际达到了最高的效率。

鉴于交际强迫（Kommunikationszwang）和从众强迫的存在，痴言痴语可以说是一种对自由的实践。本质上，傻瓜是不受约束、不被联网、不被灌输信息的人。他住在思不可及的、没有交际和网络的外界："傻瓜就像被扯下的玫瑰花瓣，掉进志同道合的人群汇流而成的舆论的旋涡之中。他们四周到处是一派和谐的归顺者（Eingemeindete）和附庸者（Zugehoerige）。"[75]

傻瓜是现代的异教徒。异教本意为选择（Wahl）。异教徒是指具有自由选择权利的人。他敢于背离正统观念，敢于摆脱从众的强迫。傻瓜作为异教徒被看作反抗舆论暴力的形象。他打破了施于异己的魔咒。由于从众的强迫愈发强烈，今天比以往任何时候都迫切地需要去强化异教意识。

痴言痴语反对新自由主义统治权力，也反对它的绝对交际化和全面监控性。傻瓜不与人交际。它只与非交际性事物交流。因此，它一言不发。痴言痴语设立了一个个沉寂、平静、隔绝的空间，在那里，真正值得说的东西可以被说出来。1995年，德勒兹（Deleuze）就已经预告了沉默政治（die Politik des

Schweigens）的来临。它专门针对那种强迫交际与坦白的新自由主义精神政治而存在：“今天，不能自由表达我们的观点，已经不再是难题。难题是，我们如何去营造让我们身处其中就有话可说的隔绝的、沉寂的空间。压迫势力不再阻挠我们表达观点。相反，他们还强迫我们发表看法。不必说话，允许沉默，是何等自由的事情，因为只有那时我们才可能创造出越来越难能可贵的事物：一些真正值得说的事物。”[76]

白痴学者 (Idiot Savant) 能够理解另类知识。他鹤立鸡群，摆脱信息和联网的控制：“白痴学者就像一开始被称作自闭学者（Autist）那样，属于减轻责任主体，而且还有风险自担者的意味。一提到他们，总是有些其他的意指。”[77] 为了开始用另一种方式讲话，痴言痴语开辟了一片处女地，一个远离尘世渴求思想的远方。白痴学者像苦行僧那样，靠诗和远方过活。垂直应力（Vertikalspannung）使他具有更强的感应能力（Übereinstimmung），让他能够感受到事件的发生，接收到来自未来的信号："苦行僧、圣僧、天线。圣人说，泛滥的节目波会制造与傻瓜从这个世界上接收到的微弱信号一样的干扰声。"[78]

智力（Intelligenz）一词由inter（在其中）和legere（选择）构成，字面意思是从中选择。智力因为被体制约束"在其中"（Zwischen），所以无法完全自由。由于它只能在体制内部进行选择，因此无法接触"外界"。它没有真正的选择自由，而只能从制度备好的各种可能性中进行选择。智力必须遵循制度逻辑。它是体制内在固有的。不同的体制定义不同的智力。因此，智力无法理解绝对的"异于是"。它处于水平线上，傻瓜则通过放弃占统治地位的体制，即智力，够到了垂直线："蒙昧（Dummheit）的内在就像蜻蜓翅膀般柔软和透明，从中映射出战胜智力的光芒。"[79]

德勒兹在其生前最后一篇论文——《内在性：非特指的一个生命》（Die Immanenz: ein Leben...）中将内在性升格为幸福方程式："我们说，纯粹的内在性就是非特指的一个生命，而非其他。它并非内在于生命，不内在于任何事物的内在性本身就是一个生命。非特指的一个生命是内在性之内在性，绝对的内在性：它是无可挑剔的能力，是绝对纯粹的幸福。”[80]因此，内在性是不存在于任何事物的内在性，它不是他物的内在，而是自身的内在。因此它是“内在性的内在性”。它不屈从于任何事物。它只满足自我需求。在这种生命的内在性层面上，统治秩序无法建立。资本表现出使生命与自身异化的超越性（Transzendenz）。作为生命的内在性消除了这种异化关系。

纯粹的内在性是既不能被心理化、也不能被主体化的空无（Leere）。内在性正是在这种“空无”的映衬下愈显轻柔、丰满、自由。[81]傻瓜的特征既不是个体性也不是主体性，而是独特性。因此，傻瓜与还不能称其为独立个体或者成人的孩子在本质上相似。构成其此在性（Dasein）的，不是个性上的特征，而是无人格的自在发生（Ereignis）：“因此，孩子们在很小的时候彼此相似，几乎没有独立个性；但是他们却有独特性，一个微笑、一个手势、一个鬼脸，和那些不属于主体特征的自在发生（Ereignis）。幼童身上自内而外散发着内在生命力，那是一种纯粹的能力，还是一种超然于痛苦与羸弱之外的幸福感。”[82]傻瓜与纯人（Homo tantum）相似，后者是“尽管不与他人混淆却不再有名字的人”[83]。傻瓜可以进入的内在性层面是去主体化和去心理化的矩阵，是使主体摆脱自身，拯救其进入“虚空时代无限空间”[84]的否定性。傻瓜不是主体，“而是花一样的存在：永远向着阳光绽放”[85]。

注　释

[1] Karl Marx/Friedrich Engels, *Die deutsche ideologie*, MeW, Bd. 3, S. 74.

[2] Karl Marx, *Grundrisse der Kritik der politischen Ökonomie*, MeW, Bd. 42, S. 545.

[3] Ebd.

[4] Karl Marx, *Das Kapital*, MeW, Bd. 23, S. 169.

[5] Walter Benjamin, *Kapitalismus als religion*, in: *Gesammelte Schriften*, Band Vi, Frankfurt a. M. 1992, S. 100 – 103, hier: S. 100.

[6] Gilles Deleuze, *Postskriptum über die Kontrollgesellschaften,* in: *Unterhandlungen*. 1972 – 1990, Frankfurt a. M. 1993, S. 254 – 262.

[7] Ebd., S. 256.

[8] Michel Foucault, *Der Wille zum Wissen. Sexualität und Wahrheit* i, Frankfurt a. M. 1977, S. 162.

[9] Ebd., S. 166.

[10] Ebd., S. 167.

[11] Ebd., S. 169.

[12] Michel Foucault, *Überwachen und Strafen. Die Geburt des Gefängnisses*, Frankfurt a. M. 1976, S. 175.

[13] Foucault, *Der Wille zum Wissen*, a. a. O., S. 166.

[14] Michel Foucault, *Die Geburt der Biopolitik. Geschichte der Gouvernementalität. Vorlesung am Collège de France* 1978 – 1979, Frankfurt a. M. 2006, S. 43.

[15] 亚历山德拉 · 劳（Alexandra Rau）在其专著《精神政治学》中，将新自由主义政体下的政府体系解释为生物政治学的统治模式。这一解释存在一定疑问。她在该书中写道："既然我们可以把心理学技术在权力理论上划归到规训社会概念下，相对地，我想把政治心理视为一种生物政治学上的统治方式。"(A. rau, *Psychopolitik. Macht, Subjekt und Arbeit in der neoliberalen Gesellschaft*, Frankfurt a. M. 2010, S. 298.) 同样的问题也发生在托马斯 · 雷姆克（Thomas Lemke）试图对新自由主义政体进行生物政治学解释的过程中。Vgl. Gouvernementalität der Gegenwart. *Studien zur Ökonomisierung des Sozialen*, hrsg. von Th. Lemke u. a., Frankfurt a. M. 2000.

[16] Foucault, *Die Geburt der Biopolitik*, a. a. O., S. 260.

[17] Giorgio Agamben, *Homo sacer. Die souveräne Macht und das nackte Leben*, Frankfurt a. M. 2002, S. 14.

[18] Michel Foucault, *Die Geburt der Sozialmedizin*, in: *Schriften in vier Bänden*, Bd. 3, Frankfurt a. M. 2003, S. 272 – 297, hier: S. 275.

[19] Bernard Stiegler, *Von der Biopolitik zur Psychomacht*, Frankfurt a. M. 2009, S. 49.

[20] Ebd., S. 141.

[21] Ebd., S. 135.

[22] Michel Foucault, *Der Gebrauch der Lüste. Sexualität und Wahrheit 2*, Frankfurt a. M. 1984, S. 18.

[23] Michel Foucault, *Technologien des Selbst*, in: *Technologien des Selbst*, hrsg. von L. H. Martin u. a., Frankfurt a. M. 1993, S. 24 – 62, hier: S. 27.

[24] 但是对于自我技术与统治技术的关联，福柯的确预见到了。他在达特茅斯学院（Dartmouth）所作的报告中说："我认为，如果一个人想分析西方文明中的主体谱系，就不能仅仅考虑统治技术（techniques of domination），还必须考虑自我技术（techniques of the self）。换言之，他必须考虑到自我技术与统治技术二者的相互作用；必须考虑在哪些点位上，若干作用于个体间的统治技术依存于个体的自身活动。还要相反地考虑，在哪些点位上，自我技术已经被高压政治体系或者统治体系吸收了。" (About the Beginning of the Hermeneutics of the Self. Two Lectures at Dartmouth, *Political Theory*, Vol. 21, No. 2, S. 198 – 227, hier: S. 203.)

[25] Foucault, *Die Geburt der Biopolitik*, a. a. O., S. 314.

[26] Georg Wilhelm Friedrich Hegel, *Wissenschaft der Logik ii*, Hamburg 1932, S. 58.

[27] Vgl. Mihaly Csikszentmihalyi, Flow. *Das Geheimnis des Glücks*, Stuttgart 1995.

[28] Friedrich Nietzsche, *Jenseits von Gut und Böse, Kritische Gesamtausgabe*, Vi.2, Berlin 1968, S. 167.

[29] Zitiert in: Barbara ehrenreich, *Smile or Die. Wie die ideologie des positiven Denkens die Welt verdummt*, München 2010, S. 110.

[30] Vgl. Byung-Chul Han, *Topologie der Gewalt*, Berlin 2011, vor allem 2. Teil, Kap. *Gewalt der Positivität*, S. 118 – 127.

[31] Naomi Klein, *Die Schock-Strategie. Der Aufstieg des Katastrophen-Kapitalismus*, Frankfurt a. M. 2009, S. 58.

[32] Ebd., S. 76.

[33] Eva Illouz, *Gefühle in Zeiten des Kapitalismus*, Frankfurt a. M. 2007, S. 7.

[34] Ebd., S. 9.

[35] Zitiert in: André Gorz, *Wissen, Wert und Kapital. Zur Kritik der Wissensökonomie*, Zürich 2004, S. 20.

[36] Zitiert in: eva illouz, *Gefühle in Zeiten des Kapitalismus*, Frankfurt a. M. 2007, S. 39.

[37] Marx, *Das Kapital*, a. a. O., S. 828.

[38] Marx, *Grundrisse der Kritik der politischen Ökonomie*, a. a. O., S. 599.

[39] Vgl. Giorgio Agamben, *Profanierungen*, Frankfurt a. M. 2005.

[40] Martin Heidegger, *Grundfragen der Philosophie. Ausgewählte »Probleme« der »Logik«, Gesamtausgabe*, Bd. 45, Frankfurt a. M. 1984, S. 169.

[41] Jeremy Bentham, *Panoptikum oder Das Kontrollhaus*, Berlin 2012, S. 103.

[42] Ebd.

[43] 参见《纽约时报》(*New York Times*)2013 年 2 月 4 日:“如果你让我描述一下正在兴起的当代哲学,我想使用‘数据主义’(data-ism)这个词。我们现在具备收集海量数据的能力。与这一能力相伴随的,似乎是某种文化设想:一切可以被量化的事物都要被量化;数据是透明可靠的透镜,帮我们滤除情绪主义思想和意识形态观念;数据可以帮我们做了不起的事情,比如预测未来……数据革命正在为我们提供理解过去和现在的绝佳途径。”

[44] Rüdiger Campe, *Das Spiel der Wahrscheinlichkeit. Literatur und Berechnung zwischen Pascal und Kleist*, Göttingen 2002, S. 399.

[45] 参见《连线》(*Wired*)杂志 2008 年第 16 期:“抛开从语言学到社会学等等这些人类行为理论,也暂时忘掉生物分类学、本体论、心理学等等这些学问,谁能知道人意欲何为,何以为之?关键是,人们做了某件事情,我们即能以空前精确的方式将其追踪、量化。有了充足的数据,数字自己就会说 话。” « Zum Terminus »Dataismus« vgl. auch *Trend Update Heft* 10 (2011): Dataismus, u. A. Pschera, Dataismus, Berlin 2013.

[46] Theodor W. Adorno/Max Horkheimer, *Dialektik der Aufklärung. Philosophische Fragmente*, Frankfurt a. M. 1969, S. 4.

[47] Tristan Tzara, *Sieben Dada-Manifeste*, Hamburg 1976, S. 12.

[48] Vgl. Byung-Chul Han, *Big Data: Dataismus und Nihilismus*, ZeiT-Online am 27. 09. 2011.

[49] Evgeny Morozov, *Smarte neue Welt. Digitale Technik und die*

Freiheit des Menschen, München 2013, S. 378.

[50] Foucault, *Technologien des Selbst*, a. a. O., S. 37.

[51] 维克托·迈尔-舍恩贝格（Viktor Mayer-Schönberger）、肯尼斯·库克（Kenneth Cukier）也提出了大数据的概念。Vgl. Viktor Mayer-Schönberger und Kenneth Cukier, *Big Data. Die revolution, die unser Leben verändern wird*, München 2013, S. 203.

[52] Walter Benjamin, *Das Kunstwerk im Zeitalter seiner technischen reproduzierbarkeit*, Frankfurt a. M. 1963, S. 36.

[53] Zygmunt Bauman/David Lyon, *Daten, Drohnen, Disziplin. ein Gespräch über flüchtige Überwachung*, Berlin 2013, S. 83 f.

[54] Ebd., S. 86 f.

[55] Sigmund Freud, *Briefe an Wilhelm Fließ.* 1887 – 1904, hrsg. von J. M. Masson, Frankfurt a. M. 1986, S. 173.

[56] Georg Wilhelm Friedrich Hegel, *enzyklopädie der philosophischen Wissenschaften im Grundrisse 1830, erster Teil. Die Wissenschaft der Logik*, in: *Werke in zwanzig Bänden*, hrsg. von e. Moldenhauer und K. M. Michel, Bd. 8, Frankfurt a. M. 1970, S. 302.

[57] Ebd., S. 318.

[58] Ebd., S. 332.

[59] Ebd.

[60] Georg Wihelm Friedrich Hegel, *Wissenschaft der Logik ii. Die Lehre vom Begriff (1816)*, Hamburg 2003, S. 104.

[61] 参见伊曼努尔·康德（Immanuel Kant）《世界公民观点之

下的普遍历史观念》(*Idee zu einer allgemeinen Geschichte in weltbürgerlicher Absicht*)。结婚数量、出生数量、死亡数量呈现出规律性，乃康德援引1740年至1770年的统计数据得出的结论。而这一统计数据有可能出自约翰·彼得·吉斯密尔希（Johann Peter Süßmilch）所著的《由人类之出生、死亡及繁殖证明在人类变动中所存在的神的秩序》(*Die göttliche Ordnung in den Veränderungen des menschlichen Geschlechts, aus der Geburt, dem Tode und der Fortpflanzung desselben erwiesen*）一书。Vgl. rüdiger Campe, *Wahrscheinliche Geschichte – poetologische Kategorie und mathematische Funktion*, in: *Poetologien des Wissens um 1800*, hrsg. von J. Vogl, München 1998, S. 209 – 230, hier: S. 220.

[62] 在《何为“多数决”》一文中，曼弗雷德·施耐德（Manfred Schneider）探讨了“公共意志”(volonté générale)中的统计学问题。Vgl. *Urteilen/entscheiden*, hrsg. von C. Vismann und Th. Weitin, München 2006, 154 – 174, hier: 161.

[63] Jean-Jacques Rousseau, Vom Gesellschaftsvertrag, Stuttgart 2011, S. 32.

[64] Schneider, *Was heißt »Die Mehrheit entscheidet«?*, a. a. O., S. 162.

[65] Rousseau, *Vom Gesellschaftsvertrag*, a. a. O., S. 94.

[66] Vgl. Manfred Schneider, *Serapiontische Probabilistik. einwände gegen die Vernunft des größten Haufens*, in: *Hoffmanneske Geschichte. Zu einer Literaturwissenschaft als Kulturwissenschaft*, hrsg. von G. Neumann, Würzburg 2005, S.

259 – 276.

[67] Friedrich Nietzsche, *Nachgelassene Fragmente Sommer 1872 – ende 1874, Kritische Gesamtausgabe Bd. iii4*, Berlin u. a. 1978, S. 250 f.

[68] Friedrich Nietzsche, *Nachgelassene Fragmente Frühjahr 1881 – Sommer 1882, Kritische Gesamtausgabe Bd. V2*, Berlin u. a. 1973, S. 427.

[69] Michel Foucault, *Von der Subversion des Wissens*, Frankfurt a. M. 1987, S. 80.

[70] Michel Foucault, *Der Mensch ist ein erfahrungstier. Gespräch mit Ducio Trombadori*, Frankfurt a. M. 1996, S. 27.

[71] Michel Foucault, *Ästhetik der existenz. Schriften zur Lebenskunst*, Frankfurt a. M. 2007, S. 110 f.

[72] www2.univ-paris8.fr/deleuze/article.php3?id_article=131 und Philippe Mengue, *Faire l'idiot. La politique de Deleuze*, Éditions Germina 2013.

[73] Gilles Deleuze/Félix Guattari, *Was ist Philosophie?*, Frankfurt a. M. 2000, S. 71.

[74] Botho Strauss, *Lichter des Toren. Der idiot und seine Zeit*, München 2013, S. 10.

[75] ebd., S. 11.

[76] Gilles Deleuze, *Mediators*, in: *Negotiations*, New York 1995, S. 121 – 134, hier: S. 129, zitiert in: M. Hardt und A. Negri, *Demokratie. Wofür wir kämpfen*, Frankfurt a. M. 2013, S. 21.

[77] Strauss, *Lichter des Toren*, a. a. O., S. 11.

[78] Ebd., S. 165.

[79] Ebd., S. 7. 在其所著《论痴》(*Traktat über die Idiotie*)中，罗赛特（Clément Rosset）明确将“蒙昧”（Dummheit）与作为“智”（Intelligenz）反义词的“不智”（Inintelligenz）区别开来。就此，他创造性地提出了对“蒙昧”一词的另一种解释可能。他认为：“‘蒙昧’通常被视为‘不智’的同义词，‘智’的反义词。按这一思路，‘智’是乐于接纳、灵活、审慎的意思；‘蒙昧’则与此相反，是糊涂、迟钝、僵直的意思……而事实上，没有哪一种状态比‘蒙昧’更具乐于接纳、灵活、审慎的特质。”(Clément rosset, *Das reale. Traktat über die idiotie*, Frankfurt a. M. 1988, S. 183.)

“蒙昧”是无限开放、包容的，而“不智”则是被禁锢的。“不智”缺乏经验，进而无法接触生发的事物：“‘不智’将自己锁闭起来，它预示自身存在获取这样或者那样认识的禁忌，因而限制了经验的广度。”而“蒙昧”却恰恰相反：“它可以通过从任何事物中转化出的专注和热情，让自己成为对一切事物均持开放态度的客体。”“蒙昧”是一种“使命”，一个“附随着全部偶像、教士、信徒的圣职”(Ebd. 185)。

[80] Gilles Deleuze, *Die immanenz: ein Leben ...*, in: *Gilles Deleuze – Fluchtlinien der Philosophie*, hrsg. von F. Balke und J. Vogl, München 1996, S. 29 – 33, hier: S. 30.

[81] Zum Begriff der Leere vgl. Byung-Chul Han, *Philosophie des Zen-Buddhimus*, Stuttgart 2002, und Abwesen. *Zur Kultur und Philosophie des Fernen Ostens*, Berlin 2007.

[82] Deleuze, *Die immanenz*, a. a. O., S. 31 f.

[83] Ebd., S. 31.

[84] Deleuze, *Die immanenz*, a. a. O., S. 31.

[85] Strauss, *Lichter des Toren*, a. a. O., S. 175.